数字教材应用

主编：吴玉龙 任光杰
副主编：凌海燕 陈桂军 王冬青 欧启忠

广西教育出版社·南宁

图书在版编目（CIP）数据

数字教材应用 / 吴玉龙，任光杰主编. -- 南宁 ：
广西教育出版社，2023.8（2024.5 重印）
ISBN 978-7-5435-9359-6

Ⅰ. ①数… Ⅱ. ①吴… ②任… Ⅲ. ①数字化-教材
-应用-研究 Ⅳ. ①G423.3

中国国家版本馆 CIP 数据核字（2023）第 127721 号

总 策 划：李　军
策　　划：苏　敏　曾令宪
责任编辑：钱艺琴
数字策划：黎旭诚　梁广浩
装帧设计：杨若媛
责任校对：何　云　陆婚澄
责任技编：蒋　媛

出 版 人：石立民
出版发行：广西教育出版社
地　　址：广西南宁市鲤湾路 8 号　　邮政编码：530022
电　　话：0771-5865797
本社网址：http://www.gxeph.com
电子信箱：gxeph@vip.163.com
印　　刷：广西壮族自治区地质印刷厂
开　　本：787 mm×1092 mm　1/16
印　　张：10
字　　数：162 千字
版　　次：2023 年 8 月第 1 版
印　　次：2024 年 5 月第 2 次印刷
书　　号：ISBN 978-7-5435-9359-6
定　　价：45.00 元

编 委 会

-主编-

吴玉龙　任光杰

-副主编-

凌海燕　陈桂军　王冬青　欧启忠

-编委-

黄海晖　曹　凯　黄逸哲　胡蓝心　易诗情　张钰团

王韵仪　汤化涛　邵文豪　洪煜曜

-教学案例编写-

蔡祺琪　韦　塔　黎　华　李红英　韦咏妍　班彩旗

韦柳慧　张秀凤　覃丽玉　黄秋萍　农艳霞

前言

党的二十大报告提出要“推进教育数字化”，我国的教育信息化正昂首阔步迈向数字化转型的新阶段。教育部提出“实施教育数字化战略行动”，将教育数字化转型作为推进教育现代化建设与高质量发展的重要引擎。《义务教育课程方案和课程标准（2022年版）》的颁布标志着基础教育迎来新一轮课程改革。新课标、新课程、教育数字化转型的新时代，对基础教育提出了更高的要求，需要我们以积极主动的心态迎接新的挑战和机遇，以数字技术赋能基础教育高质量发展。

在传统的课程体系中，纸质教材是课程标准的具体化，是教学资源的核心，是教师进行教学的基本依据，也是学生获取知识、发展能力的基础渠道。其他各种资源均以教材内容为起点向外延伸，彼此互相依存、互相促进。在教育信息化环境下，数字教材也应起到与纸质教材类似的基础性、示范性、核心性作用，为教师和学生提供能满足教学基本需求的基础资源和基础服务，成为基础教育信息化落地生根、常态化应用的抓手。

数字教材作为信息技术与学科教学全面、深度融合的载体，是优质数字教育资源中最为基础、最为核心的内容。其在基础教育领域的规模化、常态化应用将为教育数字化转型提供核心资源的支持。智慧环境下数字教材在资源工具支持的互动教学、学习场景中的数据采集、个性化的学习服务等方面具有独特优势。智慧课堂和数字教材的深度融合进一步拓展了数字教材的应用场景，产生了海量的教育数据，促进了教学手段、教学评价、教研培训和管理服务的数字化。站在新的历史节点，总结数字教材在基础教育领域的应用成果和经验，对于推动数字教材赋能“双新”（新课程、新教材）落地和深化育人改革具有现实意义和实践价值。

自2013年开始，国家高度重视义务教育阶段数字教材的研发、标准化和应用推广等。随着我国中小学数字教材产品种类日益丰富、供给能力的持续增强和服务水平的不断提高，数字教材应用范围持续扩大。上海、广东、天津、宁夏、广西、西藏等地均已组织实施省级规模化应用实践，取得了丰硕的成果。例如，2020年，广西壮族自治区上线人教智慧教学平台（2021年11月升级为“八桂教学通”），实现国家课程数字教材在义务教育阶段教师全覆盖。广西义务教育阶段学校的教师在教育教学改革实践中积极学习、不断总结，涌现出了一批批先行先试的优秀教师及优秀课例。本书遴选并收录了全国数字教材应用先行区的优秀教学案例，以期为广大教师在数字教材应用和创新中提供借鉴和参考。

本书从环境、模式和案例三个维度解释了数字化转型背景下智慧课堂与数字教材的理论和实践问题。从课堂教学“主阵地”的实际需求出发，详细梳理了智慧环境下数字教材的建设与应用现状，分析了课堂应用支撑系统的功能，提炼了智慧课堂与数字教材的信息化教学应用模式，并结合典型优秀教学案例，给出了具体的实践方法。

全书分为五章。第一章阐释了智慧课堂的概念、内涵及其作用，让读者了解有利于师生互动和意义建构的学习环境。第二章介绍了数字教材的发展背景、形态特征及其优势，分析其对教育数字化转型的推动作用，在梳理数字教材的建设现状的基础上，从出版融合发展、应用功能设计与教育教学实践等维度阐述了数字教材的应用现状，从而为依托数字教材开展教学实践奠定知识基础。第三章主要介绍数字教材的应用环境与支撑系统，以几种应用广泛的智慧课堂环境及典型的教学应用支撑系统为例，介绍系统的功能特点及应用特点。第四章深入探讨了数字教材的应用模式，包括情境化教学应用模式、探究教学应用模式、合作学习应用模式、项目式教学应用模式、游戏化教学应用模式、翻转课堂应用模式和VR数字教材课堂应用模式等。本章采用问题情境导入，选取若干中小学数字教材教学创新应用实践典型案例，以理论结合实践的方式，阐述上述智慧环境下数字教材教学模式的教学设计方法和操作过程。第五章是“数字教材助力教师专业发展”。一方面，教师数字素养是数字转型时代教师专业发展的核心要素，在推动数字教材与学科教学深度融合中发挥着重要作用；另一方面，数字教材的应用和实践也是提升教师数字素养和促进教师专业发展的有效途径。此外，本章还面向信息化环境下中小学教师教育科研实践的需求，探讨了如何开展基于数字教材建设及应用的课题研究。

数字教材的应用创新是理论性和实践性高度统一的教育实践。新技术的发展日新月异，新的教育理念层出不穷，新的实践成果不断涌现，这些都为本书的编写提出了挑战。本书的编写团队由广西壮族自治区教育研究院、广西壮族自治区教育技术和信息化中心、南宁师范大学、广州市创新互联网教育研究院、华南师范大学、广东第二师范学院等机构的专家学者共同组成。专家们在图书编写研讨会上进行经验分享和思想碰撞，在本书的框架体例、撰写方向、案例梳理等方面提供了宝贵的建议。华南师范大学广东省教育云服务工程技术研究中心的王冬青教授，基于其在数字教材应用领域十几年的研究实践，对本书编写工作给予了全过程的指导和帮助。编写团队在教学案例的整理、筛选和内容编写中做了大量工作，他们的辛勤付出为本书的顺利完成奠定了坚实的基础。

特别感谢在本书编写过程中提供应用示范教学案例的一线老师。他们紧跟时代发展潮流，积极地投入数字教材应用探索中，有效地推动了地区教学改革，也使得本书有这么多充实、具体、鲜活的教学案例供大家学习。

感谢广西教育出版社的编辑为本书的出版付出的辛劳。

尽管书中内容历经多次讨论和修改，但限于我们的水平和精力，错误和疏漏仍难以避免，敬请广大读者不吝指正。

未来已来，将至已至。科技创新正在加速着教育变革，人工智能时代的到来，将会给数字教材的形态和功能带来超乎想象的革新。愿本书能够为我国数字教材的设计开发、应用创新实践提供借鉴与参考，让我们有勇气以变革的姿态迎接未来，决胜未来。

编者

2023 年 7 月

目录

第一章
走进智慧课堂

智慧课堂是基于动态学习数据分析和云、网、端应用的新型信息化课堂教学环境，从教学决策、评价反馈、交流互动、资源推送等方面促进传统课堂教学方式与内容的全面变革，为教育数字化转型背景下的课堂变革提供了先进的技术支撑。本章概述了智慧课堂的概念、特征及优势，带领读者认识和创设有利于师生互动和意义建构的学习环境，在此基础上，明确了在智慧课堂环境支持下开展数字教材应用的教学策略，以指导一线教师基于数字教材开展教学实践。

学习要点

1. 理解智慧课堂的概念和基本特征。
2. 正确认识智慧课堂环境下的课堂变革。

内容架构

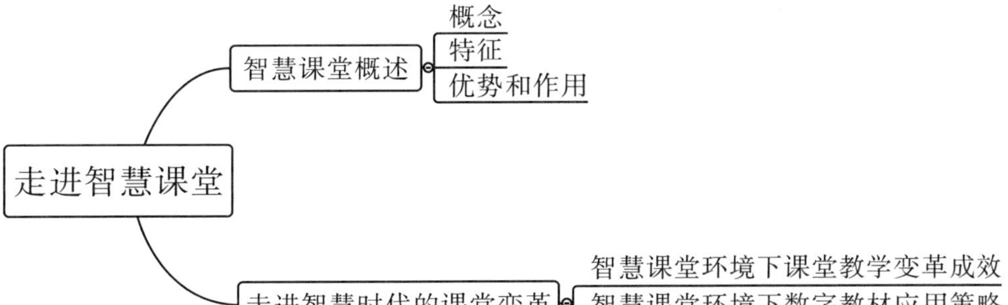

第一节 智慧课堂概述

云计算、移动互联网、人工智能等新一代信息技术融入教育教学全过程，带动了智慧教育的发展。智慧课堂作为智慧教育的媒介，为学习者和教师提供学习环境的支持已逐渐成为人们的共识。随着智慧教育工程被写入国家、省、地市的“十三五”规划，智慧课堂的建设和应用从试点应用阶段逐步向规模化建设和常态化应用迈进。国务院印发的《“十四五”数字经济发展规划》提出，加快推动文化教育、医疗健康等领域公共服务资源数字化供给和网络化服务。一般来说，智慧课堂和智慧校园是智慧教育支撑环境的基础和核心。

一、智慧课堂的概念

在国内，智慧课堂亦被称为“智慧教室”“未来教室”“云端课堂”等，英文文献中常用Smart Classroom、Intelligent Classroom、Future Classroom等名词表示，其中使用较频繁的是Smart Classroom。目前多位知名专家与学者都对智慧课堂及相关概念做出过界定和描述。

黄荣怀认为，在传感技术、网络技术、富媒体技术及人工智能技术高速发展的信息时代，智慧课堂环境应是一种能优化教学内容呈现、便利学习资源获取、促进课堂交互开展、具有情境感知和环境管理功能的新型教室。①

孙曙辉等认为，智慧课堂的实质是基于大数据学习分析和移动学习终端的运用，通过即时的学习评价反馈、立体化的互动交流和智能化的资源推送，全面变革课堂教学内容与结构，构建大数据时代的信息化课堂教学模式。②

庞敬文等认为，在新技术环境下，智慧课堂应以培养学生智慧能力为目标，利用创新变革的教学模型构建轻松、愉快、个性化、数字化的新型课堂。③

① 黄荣怀.智慧学习环境重塑校园学习生态［J］.基础教育改革动态，2012（22）：5-6.

② 孙曙辉，刘邦奇.基于动态学习数据分析的智慧课堂模式［J］.中国教育信息化，2015（22）：21-24.

③ 庞敬文，王梦雪，唐烨伟，等.电子书包环境下小学英语智慧课堂构建及案例研究［J］.中国电化教育，2015（9）：63-70，84.

综上所述，国内研究者对智慧课堂的定义，其共同点是关注利用新兴技术创建教与学的环境，促进资源呈现个性化、教学交互多元化，实现学习者的学习能力和相关技能的提高。智慧课堂不仅仅是简单的技术融合，还是理念、环境、机制的有机融合。

根据专家学者对智慧课堂的相关研究，本书认为智慧课堂是利用大数据、云计算、物联网等新一代信息技术打造的智能、高效的课堂，是信息技术与教育教学高度融合的产物。

二、智慧课堂的特征

智慧课堂是未来教室系统的发展方向之一，是学校信息化发展到一定阶段的必然产物。从技术应用角度来看，智慧课堂的教学特征与传统课堂以及一般的多媒体环境下的课堂教学有着本质上的不同，其主要体现在："资源分层共享""实时内容推送""学习情境采集""智能学习分析""即时反馈评价""协作互动交流"和"移动通信互联"。

1. 资源分层共享

学习资源可以根据教学目的、对象和场景的不同进行动态的组织管理，并灵活提供分层的资源共享服务，师生可不受时空限制地获取各类资源；多种媒体资源有效融合，给学习者带来丰富的视听体验；系统对课堂生成性资源自动捕获、关联存储，实现资源的自适应性和个性化分配。

2. 实时内容推送

通过分组或单独的形式，针对学习需求主动、实时地向学生推送个性化学习内容，将知识内容与学习需求紧密结合，将学习环境与学习时间相关联，实现分布式资源的灵活共享、多维扩展和有效重用。学生无须关心推送功能的细节，只需将注意力集中在讨论活动和信息理解的过程，这增强了学生对环境的适应性和情境体验感。

3. 学习情境采集

采集学生的学习偏好、认知特征和学习风格等个体特征数据以及认知水平、情感状态和注意力等学习状态数据，从而诊断每个学生可能存在的问题和需求，支持学生的自适应学习和全过程学习。

4. 智能学习分析

依托聚类算法、数据挖掘、机器学习等技术，综合管理学生学习过程的所有数据，记录课堂活动、练习成绩等全过程数据，并进行综合计算、比对、诊断，实现面向课堂学习全过程的大数据跟踪、分析，辅助教学决策。

5. 即时反馈评价

通过高效实时的双向交流，实现可视化反馈和师生间的即时评价，让学生实时了解自己当前的学习情况，及时调整学习状态，激发学习热情，也让教师及时了解学生状况，给予学生引导并调整教学内容。

6. 协作互动交流

通过使用智慧终端设备（如平板、笔记本、电子白板及软件交流平台等），动态实现交流时间、地点、对象和形式的多样化，如实现一对多或一对一的多维度、多因素分组协作学习，以增强学习互动性。

7. 移动通信互联

基于移动网络通信技术，智慧课堂终端轻便小巧、便于携带，其适配的学习系统为学习者提供了多种实时沟通服务，且信息发送后可迅速传递，实现师生间、生生间课前、课后分布式学习的实时联通①。

三、智慧课堂的优势和作用

1. 促进教学模式创新化

“互联网 +”时代下，各种突破传统教育模式的在线教育教学模式不断涌现。例如，基础教育中的翻转课堂、自组织学习、个性化学习等创新型教学方式融合了在线教育模式与传统学校教育模式的优势，有利于学校传统教育系统的重构。

2. 支撑学习方式个性化

智慧课堂为学习者提供了极为丰富的多媒体资源，教师可以根据学生的个

① 崔晓慧，朱轩．信息技术环境下智慧课堂的概念、特征及实施框架［J］．继续教育，2016（5）：50–52.

性化学习需求及学习特征，有针对性地推送辅导资料。

网络时代的学校教学逐步由封闭走向开放，学习方式也日趋多元化、个性化，如 BYOD（即自带设备）、碎片化学习、自主探究式学习等，学生学习方式的转变有助于促进其自主学习，提升其创新能力。

3. 实现教学评价即时化

大数据技术、学习分析技术、即时反馈系统等的应用，能够实现全程实时记录与追踪学习者的学习状态，收集学生学习过程中的行为数据，用直观的数据了解学生的知识掌握情况，实现学习评价的即时反馈。①

第二节　走进智慧时代的课堂变革

智慧课堂是一种新型的教学环境和模式，是信息技术水平达到相对成熟阶段的教学运用，有利于教师开展创新型教学活动，探索新型教学方式，从而达到培养学生创新能力的目的。随着信息技术的高速发展，智慧课堂逐渐进入校园，在调动学生学习积极性、促进师生交流的同时，改变了传统教学模式，提高了课堂教学效果，为突破传统教学一直以来存在的教学瓶颈提供了可能。

一、智慧课堂环境下课堂教学变革成效

2014 年，广东省珠海市建成了第一批 15 所“粤教云”智慧课堂应用示范试验学校，随后在珠海各区大规模推广智慧课堂，形成了以信息化推进区域内和跨区域教育均衡发展的有效模式，并对其他地区的学校教育信息化基础设施建设起了示范引领作用。智慧课堂在广西壮族自治区落地后，广西以推进数字教材规模化应用为抓手，支持和发展“互联网 + 教育”新模式，充分利用“八

① 赵培培．智慧课堂：优化与创新传统课堂［J］．教育现代化，2017（14）：171–174.

桂教学通”的数字教育资源辅助课堂教学，结合智慧课堂与教学实际，推动智慧课堂教学改革。其中，北海市建成了“5G+VR 智慧教室”试点项目，以沉浸式智慧课堂的模式改革传统教学，实现教、学、练、考四位一体的智慧教学新样态，为其他地市教育事业的高质量发展提供了参考。

学者们对智慧课堂的应用效果也开展了实证研究。研究表明，智慧课堂能够在很大程度上提高课堂教学水平，激发学生对学习的兴趣，方便教师进行教学和评价，有利于提高信息技术应用水平。[①] 从实际投入和使用情况来看，虽然智慧课堂的使用频率有所提高，但功能类型较为单一，在转变和创新学习方式上有待进一步探索。[②]

智慧课堂能够对学生的学习产生积极影响，具有巨大的开发和应用潜力。对学生而言，智慧课堂提供了更多展示自我、沟通交流、互动合作的机会，有助于提高信息素养、动手能力、自主探究能力、合作能力和创新能力。对教师而言，智慧课堂颠覆了传统的教学模式，丰富了教学方式，同时为教学技能的提升提供了强大的技术支持。

（一）智慧课堂赋能课堂教学结构变革

智慧课堂作为教育新形势下的新型学习环境，可以帮助教师获得丰富的资源，支持各种教学活动的开展，自动记录学习者的学习过程和评测学习成果，从而促进学习者的发展。智慧课堂不仅体现在课堂教学内容的升级，更体现在整个教学结构的变革。

1. 提升了课堂教学的自主性和自由度

一是教学模式从固定时空教学向线上线下混合型教学转变。这种模式不再遵循先教后学的顺序，而是让学生可以不受时空限制地自主学习，然后再把问题带到课堂，在教师的带领下进行探究学习，这将有助于提高教学的有效性和学生的个性化学习能力。二是课程媒体化、可视化、智能化程度更高。在保障

---

① 邹华杰．智慧教室环境下的初中信息技术教学实验研究：以厦门市 × 中学为例［D］．南昌：江西师范大学，2016.

② 翟小铭，孙伟，郭玉英，等．智慧教室：应用现状及其影响研究：基于高中物理学科学习的跟踪研究［J］．中国电化教育，2016（9）：121-127.

知识体系科学完整的基础上，可借助互联网平台融入各领域前沿知识，快速刷新学校教材和课程知识，改善课程内容更新慢的现状。同时，更先进的课程外在封装形式使学习内容更直观、清晰、人性化，增强学习的趣味性。

2. 有助于教师因材施教，实现个性化教育

学生在进行课堂练习时，使用设备进行答题，全班同学的正确率便立即显示出来，这便于教师及时了解学生对知识点的掌握情况。教师能够根据学生的具体学习情况，进行知识的巩固或补充。在传统课堂的教师提问环节，一个学生站起来回答，只有师生两人在互动，其他学生只能跟着在脑海里互动。在智慧课堂的平板模式下，所有学生的答案都被系统记录下来了，这种模式能够对后进生产生显著的影响，有助于提升“一个都不能少”的教学实效。

3. 依据数据分析结果，改进教学决策

研究者认为，“智慧教育需要更具‘智慧’的教育评价方式，‘靠数据说话’是智慧教育评价的重要指导思想”①。快速崛起的大数据技术与学习分析技术，使教育相关企业为师生提供更为个性化的服务成为可能。大数据时代的教师不仅要会教学，还要具备较强的分析与研究能力，在教学过程中能运用数字化工具记录学生行为，记录教学过程，并进行分析、编码和数据分析②，这样才能提高教学水平。教师可以利用大数据分析学生的学习个性特点、学习过程与学习结果，从而更有效地为学生开展适合的教学活动。智慧课堂能够根据学习者的实际情况推荐合适的课程，这种个性化的服务模式让学习由“套餐”转变为了“自助餐”。

4. 拓展了教师的专业发展空间

智慧课堂拓展了每位教师的专业发展空间。首先，教师对专业发展内涵的理解不仅仅局限于专业知识技能。只强调知识要素是无法实现新课程在“过程与方法”“情感态度与价值观”方面的教育目标的，新课程背景下教师的发展应是以专业素养为核心的“全人格”的发展。其次，带有明显研究成分的常态

① 杨现民．信息时代智慧教育的内涵与特征［J］．中国电化教育，2014（1）：29-34.

② 刘清堂，吴莉霞，张思，等．教师数字化能力标准模型构建研究［J］．中国电化教育，2015（5）：14-19.

化教学实践开始成为教师专业发展的必由路径。面对新课程、新课标、新教材以及渗透其中的新理念，创新性成为教师工作不可缺少的基本特征。最后，教师的这种渗透于日常教学实践中的研究既是自主的独立劳动，又是同事之间（还有与外部专业人员之间）通过多种形式互动生成的合作劳动。教师通过教研组（备课组）内外、校内校际交流等多样化途径，参与专业性很强的探究活动，有助于融入适合个体专业发展的良好的群体生态。

（二）智慧课堂对教师教学的新要求

相比于传统的学习环境，智慧学习环境具备更加丰富的资源、工具以及技术，可以为多种形式的教学活动提供支持。在智慧学习环境中，每个学习者拥有一台智能移动设备，借此获取各种各样的学习资源，如电子教材、教学视频等，在学习过程中可以随时与同伴、教师交流互动。这种智慧课堂的教学模式对教师提出了更高的要求。

在这样虚实结合的智慧学习空间里，教师该如何为学生提供精准的教学活动设计和嵌入式评价？学校如何建设网络学习空间，构筑线上线下融合的校园育人环境？余胜泉指出，互联网不可能替代学校，但可以改变学校的基因，改变学校运作的流程。①

因此，智慧课堂对教师提出的更高要求体现在如下几个方面。

1. 课堂教学需要走向新的“有序”，意味着旧秩序的“推翻”和新秩序的创建

课堂教学秩序在破旧立新的过程中难免会出现混乱。教学活动的各种因素要按照新的机制来运行，要在新的规则约束之下产生相互作用，教师作为其中最为能动的因素，应成为教学新秩序的探索者、发现者和缔造者，而这对于习惯于旧规则的教师来说，任务非常艰巨。当教师在教学中不再按部就班的时候，当学生不再满足于对知识的简单再现、对技能的机械操练的时候，当教师面对大量信息资源需要及时捕捉、进行有效回应的时候，创建新规则、形成新的课堂形态就显得十分迫切。

① 余胜泉．互联网时代的学校组织结构转型［EB/OL］．［2022-12-20］.https://aic-fe.bnu.edu.cn/cylj/skxx/15123.html.

2. 教师的教育观念和教育行为习惯需要做适应性调整

刚开始参与智慧课堂的教师会不约而同地发出“我们不会教了”的感慨。其实，并不是教师真的不会教，而是不会在新的课堂规则和秩序下进行教学。改变教师根深蒂固的教学观念和习以为常的教学行为习惯，其难度不亚于改变一个人长期形成的生活方式。如果教师的脑海里只是“老师问、学生答”，那么他在课堂教学中就难以组织起真正的对话。同样道理，如果一位教师习惯于寻找符合他预期的答案，就很难对任何一个不符合标准答案却包含着合理因素的“错误答案”采取宽容的态度。所以，教师只有准确而深刻地理解新课程倡导的理念，如“参与”“探究”“合作”“对话”等，才能真正实现观念更新；只有在新的教学实践中不断反思，才有希望逐渐改变旧的教学行为习惯。

3. 教师个人素质将在开放和民主的课堂上经受极大的考验

开放后的课堂，无疑会出现信息资源充分“涌流”的局面，与过去那种按预先准备好的内容与程序上课、排除过程中可能出现的意外与“干扰”的方式相比，教师的个人素质、专业修养及应变能力将会受到较大的考验和挑战。就教师的课堂把握来说，满堂讲、满堂问的课（尤其是那种充斥着一问齐答的“唱山歌”式的课）是最没有难度的，因为一切按事先设计好的路线进行，无须反思、重组，只要能回答出正确的知识结论（即使只有个别学生答对）就可以转入下一个“知识点”的学习。然而，任何一节按预定方案亦步亦趋、机械开展的课，都是不利于教师智慧发展的。开放和民主的课堂将促进教师个人素质的全面发展。

二、智慧课堂环境下数字教材应用策略

智慧课堂环境下的数字教材利用信息技术将教材模块化、内容立体化、资源功能化，围绕教学重难点提供示范性、多层次的数字教学资源，并通过资源的交互性设计和即时评价等功能，服务于自主性、探究性教学。这样的数字教材可充分应用于教师和学生的课前预习、课堂教学和课后复习。智慧课堂环境下数字教材的应用策略主要包括以下几个方面：

（一）以学生为中心设计教学，注重智慧型、创新型人才的培养

基于智慧课堂环境的数字教材创新应用，教师应改变传统教学中学生被动学习、死记硬背、机械训练的方式，将教学的重心从教师的“教”转向学生的“学”，将关注教师教学行为的设计转向关注学生学习活动的设计，针对不同的教学环境和教学内容实施不同的课堂教学模式，引导学生利用数字教材对学科内容和知识进行自主学习、深入探究和小组交流，实现知识的内化，从而培养出智慧型、创新型的人才。

（二）以丰富资源支持学生的学习，注重学习环境的设计

作为富媒体平台，数字教材突出的优势在于可提供丰富的资源和学习工具，创设多种形式的学习情境，为学生有效获取知识和技能、协调发展智能与个性、促进高阶思维能力的发展提供支持。但数字化资源不只是教学信息的简单呈现，要将课本里的知识转化为实际教学情境和实际问题，使学生从被动接受知识转变为主动参与教学活动，提高学习兴趣，在学习任务中积极解决问题，再从思考中建构知识。

（三）以科学数据为导向，注重对学习过程的评价

鉴于数据的易获得性，评价通常以学生考试成绩等外显数据为基础，而借助物联网、云计算、移动通信、大数据等新一代信息技术，数字教材可以实现各种教育教学过程数据的全面采集、存储与分析。通过大数据驱动的实时记录，可视化呈现学生在学习状态、学习偏好、行为规律等方面的特征，可以帮助学生及时了解自身的学习情况，主动查漏补缺，帮助教师对学生的学习效果进行有效的评价和反馈，为师生提供精准的个性化学习支持服务奠定良好的诊断基础。

（四）动态生成教学过程，注重学习者的个体差异

在数字教材的支持下，教师基于对过程性数据的科学分析与评价，可以很容易地辨别出不同学生的学习特点。教师在教学过程中不仅要重视学生发展的共性特征，更应尊重每个学生的个体差异、兴趣爱好和个性思维，做到因材施教，为学生创造充分的自主探索的发展空间，鼓励、引导学生用适合自己的方式进行自主学习，使存在个性差异的学生都能获得最大限度的发展，从而培养

出适应社会发展的创造性人才。

【思考与练习】

1. 试述智慧课堂的特征，并说说哪些方面有助于解决你在学科教学中遇到的瓶颈问题。

2. 假设学校建设了一间智慧教室，你是否愿意在智慧教室上课呢？说说你的看法。

3. 智慧课堂环境下的数字教材应用，给我们的教学带来了哪些变化？

第二章

认识数字教材

教育部《2018 年教育信息化和网络安全工作要点》明确提出，要深化基础教育数字教育资源开发与应用，推进义务教育“人教数字教材”在不同数字化教学环境下与教育教学的深度融合。本章首先介绍了数字教材的发展背景、定义、特性及其优势，分析其对教育数字化转型的推动作用，然后对数字教材的建设及其应用现状进行了介绍，从而帮助读者从数字化转型背景下的课堂改革的角度逐步了解数字教材，为进一步指导一线教师基于数字教材开展教学实践，实现数字教材的规模化、常态化应用奠定基础。

学习要点

1. 理解数字教材的发展背景和定义。
2. 了解数字教材的优势及作用。
3. 了解数字教材建设和应用情况，客观认识数字教材带来的影响。

内容架构

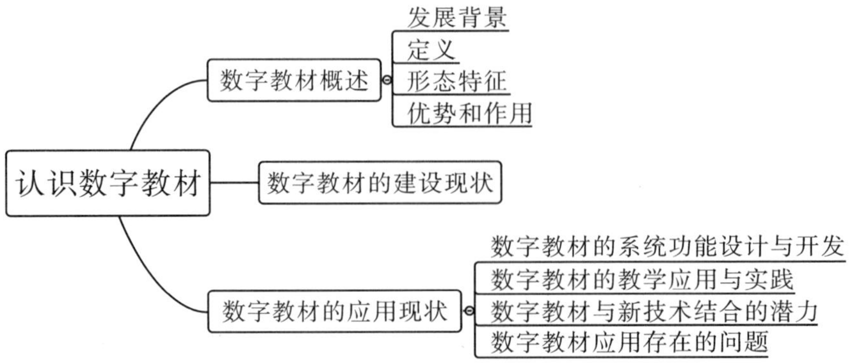

第一节 数字教材概述

一、数字教材的发展背景

经过多年持续努力，我国教育信息化实现跨越式发展，校园网络接入率达100%，拥有多媒体教室的中小学校占比达99.5%，为数字教材的大规模应用奠定了基础，为教育教学改革注入了强大动力。数字教材作为推行教学改革、开启智慧教育、提升教学质量的关键要素，在基础教育课堂中的普及与常态化应用已成为必然趋势。《教育信息化2.0行动计划》提出的“到2022年基本实现‘三全两高一大’的发展目标”，其中，教学应用覆盖全体教师、学习应用覆盖全体适龄学生、数字校园建设覆盖全体学校已经变成现实。

数字化转型是世界范围内教育转型的重要方向。我国政府高度重视数字教育发展，将其作为数字中国的重要组成部分。2022年，全面实施国家教育数字化战略行动，提出联结为先、内容为本、合作为要的“3C”（Connection、Content、Cooperation）理念，把诸多典型应用、资源内容集成上线国家智慧教育公共服务平台，释放数字技术对教育高质量发展的放大、叠加、倍增、持续溢出效应。

2022年，教育部把“加快构建中国特色高质量教材体系”作为重中之重，提出“加强数字教材建设与管理”。抓好“数字教材建设”，是实施教育数字化战略行动的具体实践。新型教材建设是推动教育高质量发展和教育数字化战略行动的一项基础枢纽工程①。数字教材与在线课程、智慧课堂、智能教育紧密联系，形成全新的共同体。

在教育数字化转型的背景下，数字教材改变了学习者获取、整合知识的方式，数字教材的功能、形态及应用方式得到了拓展与变革，成为开展教育信息化教学的重要支持。中小学数字教材作为信息化教学环境中的核心课程资源，

① 郭文革，黄荣怀，王宏宇，等.教育数字化战略行动枢纽工程：基于知识图谱的新型教材建设［J］.中国远程教育，2022（4）：1-9，76.

在基础教育领域已被广泛认知。[①]2012 年，根据克里夫兰市场咨询公司的调查报告，全球超过 50 个国家计划推广电子课本、电子书包，目的在于代替传统纸质教材，在教育中普及信息技术，且试验成效明显。随着信息技术与教育教学深度融合的突破与发展，数字教材的应用从试点逐步向规模化发展。我国的数字教材先后在北京、上海、江苏、广东等地以电子书包、智慧课堂等形式开展教学应用试点，积累了丰富的试点建设和推广经验。

二、数字教材的定义

数字教材一直是学术领域的关注热点。数字教材，即数字化教材，有别于传统教材，是利用多媒体技术将传统纸质内容进行数字化处理，转化为适用于各类电子终端的互动性教材。从内容的角度，龚朝花等认为数字教材是一种符合特定内容标准（如课程标准）、需要在符合特定要求的电子阅读软件与终端阅读设备上浏览且文档内容不能被任意修改的一类功能特殊的电子书。[②] 从应用的角度，龚朝花等认为数字教材是一类遵循学生阅读规律、利于组织学习活动、符合课程目标要求、按照图书风格编排的电子书或电子读物。[③] 中小学数字教材国家标准《数字教材　中小学数字教材元数据》（GB/T 41469—2022）指出，中小学数字教材是依据中小学课程规划或课程标准、教学大纲，系统编写、开发，适用于信息化环境下教学活动的电子图书。在实际应用中，数字教材需要从数字出版系统对接到基础教育数字资源的公共服务体系。《数字教材　中小学数字教材质量要求和检测方法》（GB/T 41470—2022）中明确规定了数字教材中的必备信息，如表 2.1.1 所示。

---

① 王志刚，沙沙 . 中小学数字教材：基础教育现代化的核心资源［J］. 课程・教材・教法，2019（7）：14–20.

② 龚朝花，陈桄，黄荣怀 . 电子教材在中小学应用的可行性调查研究［J］. 电化教育研究，2012（1）：94–99.

③ 龚朝花，陈桄 . 电子教材：产生、发展及其研究的关键问题［J］. 中国电化教育，2012（9）：89–94.

表 2.1.1 中小学数字教材中的必备信息

序号	必备信息项	说明
1	数字教材的内容清单	是数字教材中包含的所有承载了内容信息的文件或文件包的列表
2	数字教材元数据	是用于描述数字教材整体信息的一组数据
3	数字教材的使用说明	应包括数字教材的使用环境说明和使用操作说明
4	数字版权记录信息	在显著位置上记录并显示的版权相关信息，包含：数字教材的著作权、责任者、格式、容量等
5	电子图书封面	数字教材的电子图书封面应包含正式的题名、作者和出版单位信息

三、数字教材的形态特征

数字教材从最开始的“电子教材”，发展到“智能型数字教材系统”，其研究和应用经历了十余个春秋。数字教材与电子书、电子书包有显著的不同。电子书的发展主要面向大众化的阅读需求，尤其是休闲娱乐性质的浅阅读，而数字教材作为一类面向教育教学的特殊电子书，在内容设计、软件功能、硬件特性等方面都更加强调教学属性。数字教材与电子书包都是包含内容资源、工具、设施及服务平台的学习系统，两者的区别在于数字教材强调以内容为中心，支持环境可灵活改变，比如数字教材的学习终端既可以是平板电脑，也可以是个人电脑。而电子书包首先强调移动学习终端所具有的移动性与便携性的特征，其次强调终端、内容、软件以及服务平台的有机整合。

赵志明认为数字教材已发展形成了一种新的教科书形态，即“教科书内容 + 教学管理平台 + 移动数字终端”的组合形态。其内容应满足文本的教育性、教学性要求，支持平台不仅需要满足学校教育中课堂教学的常规需求，还应满足学生课外自学、教师课外备课的资源需求、互动需求以及教学管理需求，终端是区别于纸质教科书的基本外部表现。① 孙众认为数字教材不仅是一种为满足数

① 赵志明 . 重新定义教科书：数字教科书研究［D］. 长沙：湖南师范大学，2014.

字化学习终端而专门研发的，可按照实际教学需要呈现音频、视频、交互和文本资源的集成模块，更是一种符合课程目标要求、按照教材定位编排、以支持课堂教学为主、遵循课堂教学规律的新一代教材形态。[①] 李林等认为数字教材在当前技术背景下可以看作是一个有效整合内容、终端、教学工具与服务的数字化学习系统，它具有富媒体性、关联性、及时性、共享性、开放性、动态性、交互性等特点。[②]

本书认为数字教材有三种发展形态：静态媒体数字教材、多媒体数字教材及富媒体数字教材。

1. 静态媒体数字教材

数字教材发展初期以个人电脑作为主要的硬件载体，以文本、图形、图像等无交互特性的静态媒体作为主要的内容形式，强调将纸质教材内容以数字化的形式还原到电子设备上。

静态媒体数字教材具有可检索、易于传播、更新及时等特点，尤其适合科研文献的数字化存储、检索与阅读学习。但由于媒体形式简单、缺乏交互性，静态媒体数字教材相对于纸质教材而言，在知识呈现、使用体验及便携性等方面并无优势，仅仅是呈现形式稍做改变。尽管许多研究者试图将基于专用电子书阅读器的数字教材应用于学校教育及课堂教学中，但并没有获得理想的效果。

2. 多媒体数字教材

随着互联网与多媒体技术的发展，多媒体数字教材首先以基于 HTML 文档的 Web 页面形式出现。HTML 文档能够支持丰富的动态媒体形式和灵活的排版布局，可便携部署于各类网络教学平台，有效支持在线协作学习与网络教学。这类多媒体数字教材通常以交互式电子白板、大屏幕一体机等作为硬件设施，主要面向中小学课堂教学。

多媒体数字教材不是纸质教材的简单搬家，它能够根据教学需求，将各种多媒体资源有效整合，生动、形象地呈现知识内容和创设教学情境，实现传统

---

① 孙众．伴随式、个性化与群智学习：探索数字教材实践应用新格局［J］．中小学数字化教学，2021（A1）：5–7.

② 李林，王冬，覃文圣，等．论电子教材取代纸质教材发展趋势的必然性［J］．中国信息界，2011（5）：42–44.

纸质教材和教学手段难以呈现的教学活动。然而，多媒体数字教材媒体内容的丰富性与交互性仍然有限。在多媒体资源创设的教学情境中，学习者只能对资源进行简单的单向控制，并被动接受媒体资源信息，学习者的积极性与主动性难以有效调动。

3. 富媒体数字教材

富媒体数字教材最为重要的特征不在于能提供文字、图片、音视频、动画等多种媒体类型，而在于拥有丰富多样的用户界面展现形式、深度的用户交互、动态驱动及实时响应、便捷的部署、融合桌面应用与网络应用等。第三代数字教材的特性之一就是富媒体性。富媒体与多媒体的本质区别在于，富媒体注重用户的交互体验，而多媒体注重资源的呈现形式。[①] 富媒体技术、移动互联网及智能学习终端与数字教材的结合，极大地拓展和变革了数字教材的功能、形态与应用方式，从而产生了富媒体数字教材。

富媒体数字教材具有强大的信息表现力和交互特性，能够创设更加复杂、真实的教学情境，促进主动、有效的学习。同时，富媒体数字教材能够有效整合内容资源、终端设备、教学工具与服务平台，既能支持泛在情境下的自主学习又能支持课堂环境下的互动教学。

第三代数字教材（即富媒体数字教材）面向中小学师生，它是依据国家课程标准，以传统纸质教材为蓝本，针对信息化环境中教与学的新需求，利用互联网、数字媒体、大数据等技术，融教材、数字资源、学科工具、应用数据于一体的立体化教材。数字教材涵盖全学科、全学段，并与纸质教材相辅相成、同步更新。与传统纸质教材相比，第三代数字教材不仅嵌入了音视频、动画等多媒体形态内容，还能满足学生、教师、家长和数字教材之间的人机或人人多向交流互动，形成多维度的反馈和评价统计数据。学生还可以在数字教材上做批注、写笔记、上传个人资源，形成个性化的学习记录和轨迹。以人教版数字教材为例，第三代数字教材界面如图 2.1.1 所示。

① 傅伟. 富媒体技术在数字化学习终端上的应用探索［J］. 远程教育杂志，2011（4）：95-102.

图 2.1.1 第三代人教数字教材界面

四、数字教材的优势和作用

数字教材在颠覆纸质教材形态、优化纸质教材功能的基础上，超越传统教材的文本意义，构建起一个开放、自由、个性、创新的数字化学习环境。大量研究表明，数字教材可以提供更多网络工具、更加丰富的资源，还能跟踪学习者的学习情况，提供个性化的诊断和学习帮助，有效提高教学质量，真正实现技术与教学的融合。数字教材是优质数字教育资源的典型代表，其规模化应用可以促进教育均衡发展，提升教育质量。

（一）数字教材的优势

1. 基础性和逻辑性

数字教材立足于信息化教学需求，是由各学科教材编写专家、中小学教研员、一线教师等组成的专业团队以纸质教材为蓝本编写而成的。并且，数字教材覆盖全学科、全学段，与纸质教材相辅相成、同步更新。

2. 富媒体性

数字教材的富媒体性体现在：嵌入了音频、视频、动画等多媒体形态内容，支持用户在数字教材上写批注、记笔记、上传个人资源等操作，并且可以给用户带来沉浸式的学习体验。随着现代信息技术的发展，虚拟现实技术（Virtual Reality，简称 VR）、增强现实技术（Augmented Reality，简称 AR）等将教学内容与现实场景相结合，充分发挥音视频媒体的优势，让学习者能够在更加真实的情境中实现教与学的互动，拥有传统教材无法比拟的真实体验。技术应用成本正在逐步降低，沉浸式的学习体验为数字教材的普及应用奠定了良好的基础。

3. 交互性

数字教材的交互性体现在两个方面：一是学习者与数字教材之间的人机交互；二是师生之间、生生之间、家校之间的人人交互。在人机交互中，学习者能够与学习界面、学习内容互动，在学习活动和测评活动中获得有效的交互支持，如数字教材的嵌入式语音交互工具可以实时测评和反馈学习者语言学习的准确性，实现听、读过程中的个性化评价与反馈。在人人交互中，教师可以即时掌握学生的学习进度和学习情况，实现师生答疑、作业在线批阅以及个性化辅导，形成多维度的反馈和评价统计数据。

4. 关联性

作为基础性的学习内容，数字教材可以与其他数字学习内容、工具进行重组和汇聚，共同组成数字教育资源与服务体系，发挥其核心作用，形成个性化的学习记录与轨迹。如在数字教材自身的优化方面，借助大数据分析、云计算服务等数据挖掘技术和深度学习技术，数字教材能对自身进行设计、重组、优化、审查，能够推动教材自身的发展，有效解决仅仅依托纸质教材造成的内容固化、结构僵化的问题。同时，借助数据平台，用户能够更为精准地掌握自身情况。平台可根据用户需求生产更为优质的内容资源，实现数字教材的良性发展。

5. 个性化和智能化

利用数字教材开展教与学产生的行为数据，数字教材能更精准地为学习者提供个性化的智能学习方案。基于学习者特征、学习数据等过程性数据，数字教材可以形成学习者的认知模型，通过知识图谱技术对教材内容进行聚类分析、对学习对象进行抽取、对教材内容进行增强，从而对学习者存在的知识短板做出判断，有针对性地推送个性化的学习资源。感知学习者的差异化需求是智能化数字教材的核心竞争力，因此，数字教材可以更好地为学习者提供个性化的服务。

（二）数字教材的作用

数字教材的普及应用，将进一步促进教育公平，推动教育均衡发展，其作用体现在以下几个方面：

1. 促进教育优质均衡发展

数字教材的应用普及，将更有效地支持学习者的自主学习，让教师不再是教材内容的唯一解读者。从学习内容传播的角度来看，优质的数字教材为学习者获得优质的学习资源提供了保障，减轻了他们因客观条件及师资水平差异而受到的不良影响。同时，数字教材的广泛应用，也在一定程度上解决了资源配置不均的问题，有助于实现“同一蓝天下”教育的优质均衡发展。

2. 提高个性化学习质量

班级制的授课模式，一般以中等水平的学习者作为常模，难以兼顾学困生和学优生的学习需求。一些数字教材中融入了优质的教学资源和智能化的学习工具，教师可以根据学习者模型数据提供个性化学习支持，开展个性化教学活动，帮助学习者按照自己的步调学习，如为学优生设计阶梯式的学习任务，对学困生予以必要的教学辅导，因材施教，满足不同水平的学生的学习需求。

3. 推动教育教学方式的变革

随着数字教材的普及应用，“教教材”“照本宣科”“满堂灌”等传统教学形态将逐步被淘汰，教师也将从知识内容的传输者真正转变为学生学习的培育者、启发者，从而更好地引导和关爱学生。通过组织项目式学习、问题导向式学习等新型学习活动，促进学生高阶思维的发展。

数字教材的运用，让学习者学习的围墙逐渐被打破，正式学习与非正式学习的环境和状态发生了变化，实现了对学习内容的传送、练习、诊断和反馈，有助于学习者在泛在学习环境中更有效地开展自主学习。同时，将数字教材应用于课堂学习中，可以让学习者将更多的精力投入人际交互、团队合作、问题解决、实践创新之中，让课堂成为学习者进行交流学习、问题探讨、互动展示的场所。

第二节　数字教材的建设现状

我国教育信息化已进入数字化转型的时代，数字教材在其中扮演着重要角色。2018 年，教育部发布了《教育课程教材改革与质量标准工作专项资金管理办法》，提出要“开展数字教材等新形态教材的研发、试点和推广等”[①]。2020 年，国家教材委员会印发的《全国大中小学教材建设规划（2019—2022 年）》指出，教材建设要适应信息技术与教育教学深度融合的需要，满足互联网时代学习特性需求。[②]在政策、技术和市场等的引领下，教材建设进入了新时代，其建设理念与形态也随之发生了深刻的变革，尤其在疫情防控期间停课不停学的情况下，线上教学需求激增，促使各大教育出版社顺势而为，转型升级，加大了对教材融合创新的投入，不断推动教材的形态升级。[③]

目前我国数字教材开发建设的主体主要为出版公司，如人民教育出版社、北京师范大学出版社等，其他的开发公司有教育科技公司，如创而新（中国）科技有限公司等。2002 年，人民教育出版社推出了第一代数字教材[④]，对纸质教材的数字化起到了引领作用。在第一代数字教材基础上，人民教育出版社进一步发展了具有丰富的媒体性和互动性的第二代人教数字教材，提供了生动的图形、文本、声音、影像和动画资源，以及沉浸式的学习情境[⑤]，弥补了电子书媒体资源的不足，帮助学习者更好地理解学习内容。2018 年 5 月，人民教育出版社发布了第三代数字教材，除了在内容上延续第二代人教数字教材的多媒体教材优势，更强调学习资料的生成与互动，并嵌入了数据采集接口，将师生使用数字教材的行为过程数据记录下来，形成数字教材应用大数据。数字教材的

---

① 中华人民共和国教育部 . 教育部办公厅关于印发《教育课程教材改革与质量标准工作专项资金管理办法》的通知［EB/OL］.（2018-10-23）［2023-01-15］. http://www.moe.gov.cn/srcsite/A05/s7499/201811/t20181101_353332.html.

② 中华人民共和国教育部 . 全面落实教材建设国家事权　系统描绘大中小学教材建设蓝图：国家教材委员会办公室负责人就《全国大中小学教材建设规划（2019—2022 年）》答记者问［EB/OL］.（2020-01-07）［2022-06-25］. http://www.moe.gov.cn/jyb_xwfb/s271/202001/t20200107_414566.html.

③ 李林，林巍，陈叶，等 . 对数字教材建设的认识与思考［J］. 中国编辑，2021（5）：58-61.

④ 牛瑞雪 . 我国数字教科书的研究现状、不足与展望［J］. 课程 · 教材 · 教法，2014（8）：19-25.

⑤ 罗薇 . 基于富媒体的沉浸式阅读界面设计研究［D］. 长沙：湖南大学，2013.

诞生，实现了教材介质从纸质到数字的转化、使用方式从线下到线上的转变，提高了教材的传播效率和使用效率，对实现优质教学资源的共建共享起到了积极的推动作用。

由广西出版传媒集团打造的广西数字资源应用“八桂教学通”以数字教材为核心，在教学课程组织工具、教学课件工具、资源库、题库、学科工具库、课堂活动库、授课工具库等基础模块的支撑下，为中小学教师提供备课、授课以及教学管理等功能，是支持课堂教学场景应用的数字化教学平台。广西出版传媒集团以实施义务教育阶段国家课程数字资源及应用服务项目为抓手，紧紧把握“后疫情时代”教育数字化新需求，建设“八桂教学通”平台，为广西壮族自治区中小学教师提供基础性数字教材及资源服务，实现优质教育资源城乡普惠共享。数字教材的功能设计将在第三章第二节详细介绍，此处不做赘述。

移动互联网、大数据、人工智能等新技术在教育中的应用，催生出教材建设的新形态，推动了数字教材的发展。数字教材融入 AR 技术，学生可以借助 AR 技术提供的感官体验，从被动地接受知识向主动参与教学活动转变，其学习兴趣被激发出来。数字教材融入人工智能的知识图谱、个性化推荐等技术，推动了教材资源组织和呈现方式的创新①，教师针对兴趣、偏好、类型等不同的学习者，选择合适的媒体呈现不同的教学内容及课程类型，满足学生个性化的学习需求。数字教材通过大数据驱动的实时记录，全方位、可视化呈现学习者的学习行为、学习轨迹（如学习时长、学习笔记、学习资源类型等），帮助学习者及时了解自身的学习情况，主动查漏补缺，并且根据学习轨迹的留痕数据可以判断学习者的学习偏好、学习习惯、学习特征，帮助学习者明确自己未来要学什么及应该怎么学等问题②。

同任何事物成长过程一样，数字教材也经历了由不成熟到逐渐成熟的发展过程。根据出现的时间和应用场景不同，数字教材呈现各异的形态，以满足不同的需求。然而，结合已有的研究成果，可以发现当前我国数字教材建设仍面

---

① 李锋，熊璋．建设数字教材，助力学生数字素养与技能提升［J］．中小学数字化教学，2022（8）：5-8.

② 顾小清，张乐乐．教育数字化转型时代数字教材的建设方向与发展路径［J］．大学与学科，2022（4）：82-89.

临着开发标准不统一，不同版本的数字教材之间兼容性较差，难以实现教材与资源库、教学平台之间的有效衔接，开发技术复杂且成本高昂等问题，这在一定程度上制约了数字教材的发展。为加快数字教材建设，2019 年，教育部印发《中小学教材管理办法》，从管理职责、保障机制、检查监督等多方面加强对教材的管理，首次将数字教材纳入参照管理范围。2022 年，全国新闻出版标准化技术委员会发布了中小学数字教材的相关规范和标准，包括《数字教材　中小学数字教材出版基本流程》《数字教材　中小学数字教材元数据》《数字教材　中小学数字教材质量要求和检测方法》，为国家管理数字教材提供了标准支撑，为出版单位保障数字教材质量提供了参考。

随着科技的进步和新课程标准的颁布，中小学数字教材的设计开发及创新应用将迎来重要的发展机遇。首先，基于新时代国家课程教材建设整体要求，中小学数字教材在设计上将进一步体现专业化和科学化，并在内容编排、功能设计上不断完善，更贴近教材管理要求和教学应用需求。其次，中小学数字教材整体上将进入标准化阶段，实现不同版本数字教材间的数据统一与协同应用。最后，将有更多的前沿技术应用到中小学数字教材中，特别是人工智能技术、区块链技术、虚拟现实技术和增强现实技术等，这些新技术能够实现个性化的数字教材生成与内容推送、数字教材的版本更替和版本控制，使数字教材具有更好的应用体验与教学效果。

第三节　数字教材的应用现状

随着《教育信息化 2.0 行动计划》颁布实施，近年来北京、上海、广东、江苏、河南、广西等地已陆续开展数字教材建设与教学应用工作，将数字教材的应用以项目形式落地。2012 年，南方出版传媒陆续在珠海、佛山等地开展数字教材出版应用试点实验。2015 年，广东省教育厅将人教数字教材服务接入广东省教育资源公共服务平台，供全省义务教育阶段教学使用。2018 年，南方出版传媒开发了“粤教翔云”数字教材应用平台，并启动广东省数字教材规模化应用全覆盖项目。2016 年，河南省印发《加强我省中小学数字教材建设的有关问题的通知》，规范和促进了数字教材的发展。

2020 年，广西壮族自治区上线人教智慧教学平台（2021 年 11 月升级为“八桂教学通”），实现国家课程数字教材在义务教育阶段教师全覆盖，该项目由自治区教育厅联合广西出版传媒集团共同打造。项目以数字教材资源和配套应用服务为起点，推进广西的义务教育国家课程数字教材规模化应用工作，完善广西教育资源公共服务体系。据统计，全区 42 万义务教育阶段教师在平台上激活了账号，周平均活跃度达到 200 万人次。自治区通过成立应用示范校、应用专家团队，开展应用培训、专题教研活动、专项课题研究、专项赛事活动等形式，有效提升了教师通过应用数字资源优化教学活动的能力。

在教育数字出版转型的驱动下，数字教材的规模化应用基本形成了政府主导、科研示范、试点带动、名师引领、企业服务的协同创新机制[①]，覆盖了不同经济发展水平的地区，在开展过程中，涌现出了一批批先行先试的优秀教师及优秀课例，为全国范围推进数字教材应用提供了宝贵的经验。

一、数字教材的系统功能设计与开发

数字教材的形态趋于多样化，其内容和功能等也变得越来越丰富，人们对数字教材的设计流程、开发原则、需求分析等方面有了更多的关注。数字教材发展至今，相较于电子课本，在功能上得到了很大的扩展，它既是一种教学系统，又是一种支持学生个性化学习的平台，有机整合了不同形态的资源，支持反复使用，实现了即时反馈、资源共享、动态交互[②]，是教师课堂教学的有力助手。

数字教材在功能开发上除了满足日常教育教学的听、说、读、写需求外，还注重人际沟通、情境感知、系统交互以及按需生成个性化资源等需求。因为

① 仇森，潘信林，罗妍 . 新时代中小学数字教材建设的现实障碍与推进逻辑［J］. 中国教育学刊，2021（7）：73-77.

② 王然，郭鸿 . 电子教材的研究与设计［J］. 中国远程教育（综合版），2014（5）：82-87.

应用场景、用户需求和时间的不同，所以学者们各自归纳总结的数字教材功能模块不尽相同，但可以明确的是，师生和家长等用户群体对数字教材功能的关注点是影响数字教材未来发展的关键。在大数据和算法等新技术的加持下，数字教材能够根据学习者的学习需求适应更多不同的教育场景，覆盖课前、课中、课后各阶段及学、教、考、管、评等学习全流程，充分发挥数字教材的多样化功能，提升教学服务水平。

因此，数字教材在内容设计上与普通教材相同之处是以课程目标为核心，而优于普通教材之处在于，它不仅能整合丰富的教学资源，发挥新一代信息技术的优势，实现跨平台的资源查询和复用，而且交互性强、便于学习者自主学习，支持自动反馈和评价。

二、数字教材的教学应用与实践

作为教学内容的载体，融合信息技术的数字教材在教育教学的作用和地位日渐突出。在数字化转型背景下，正确认识数字教材带来的影响，积极探索基于数字教材的创新教学模式，是推进基础教育高质量发展的重要举措。

如今，数字教材在上海、广东、天津、广西等地均已启动了省级的规模化应用探索，依托数字教材规模化应用试点项目，引导广大教师积极探索信息技术与学科教学深度融合的新手段、新方法和新模式。陈俊盛等基于云平台环境，结合数字教材与教学支撑平台，对数字教材在课前、课中、课后的应用进行设计，在课上针对具体教学内容，采用自主、协作等方式实现学生自主学习。[①]陈晓曼等结合数字教材与教学支撑平台，构建了基于数字教材的合作学习理论模式，为教师使用数字教材提供了思路。[②]张新宇等在总结上海数字教材应用经验的基础上，归纳出了几种数字教材的应用方式，如自主学习、互动交流、诊断改进等，应用水平可分为无必要应用、模仿性应用、功能性应用、融合性

---

① 陈俊盛，代毅．“粤教云”环境下数字教材的应用研究［J］．教育信息技术，2014（9）：64–67.

② 陈晓曼，王金梅．基于数字教材的合作学习模式探究：以初中英语七年级课程为例［J］．教育信息技术，2017（3）：18–21.

应用四种水平。[①]

数字教材的应用，与国家政策、师生信息素养、软硬件环境等相关，“其应用模式也必然会随着现实外部条件的不同而变化”[②]。有的教师把数字教材作为辅助资源穿插应用于教学过程，如直接使用内嵌于数字教材中的优质视频、图片、动画等教学资源，激发学生的学习兴趣，提高课堂效果，又如利用情境视频、演示实验和演示动画等资源创设情境，将枯燥知识趣味化、抽象的理论具象化和微观的现象可视化[③]。有的教师利用数字教材开展“双师”远程教学，如河南省开封市第二师范附属小学的洪雪老师全程利用数字教材开展“双师课堂”，远程连线南阳市镇平县的黑虎庙小学进行现场授课。有的教师以数字教材为依托开展探究性教学，如在教学中通过利用数字教材提供的交互工具，设置丰富多彩的探究活动，使学生在自主探究、协作交流中解决问题，并对知识点进行分析归纳。[④]有的教师基于数字教材构建项目式学习（PBL）课堂，如在上海市普陀区沪太新村第一小学的数学课堂中，教师以“你看得懂家里的水电、天然气费用单吗？”为驱动性问题，利用数字教材和智慧教室平台，突破学生学习的重难点，及时掌握学生的学习情况，帮助学生拓展数学与生活的知识面。[⑤]有的教师将数字教材应用到翻转课堂中，数字教材具有图片、文字、声音、影像俱全的特点，可以提高学生的学习兴趣，为学生进行自主学习、教师进行有针对性的解答提供支持。[⑥]

综上所述，与纸质教材相比，数字教材可以提供工具、资源以及个性化的诊断和学习辅助，是优质数字教育资源的典型代表，真正实现技术与教学的融合，其规模化应用可以促进教育均衡和提升教育质量。[⑦]

---

① 张新宇，刘嘉秋．优化数字教材应用　支持教学方式深度转型：上海市系统推进数字教材应用研究［J］．中小学数字化教学，2018（4）：76–78.

② 翟永勇．数字教材在数字化教学中的应用策略研究［J］．数字教育，2020（4）：28–32.

③ 寇改灵．人教版中学生物学教材数字视频资源在创设情境中的应用［J］．生物学教学，2022（3）：48–50.

④ 蔡建学．数字教材在常态化教学中的创新应用：以第三代人教数字教材为例［J］．中小学数字化教学，2018（6）：37–40.

⑤ 唐珮影．基于数字教材的小学数学 PBL 项目式适学课堂探索［J］．亚太教育，2021（21）：15–17.

⑥ 傅烈俭，张艳．数字教材在中学语文翻转课堂中的应用［J］．中国教育技术装备，2018（13）：38–39.

⑦ 彭雪庄．教育信息化 2.0 时代优质数字教育资源普及模式探究：以广东省数字教材规模化应用调研为例［J］．中国电化教育，2018（9）：138–146.

三、数字教材与新技术结合的潜力

对于如何设计和实现数字教材与新技术的深度融合，学术界也进行了深入探讨。钟春霞等提出了基于增强现实技术的数字教材设计流程，并基于 Aurasma 平台进行了数字教材的开发与实现。[①] 库什瓦哈（Kushwaha）等提出了基于概念图组织数字教材、支持学习者学习过程的设计框架，该框架采用多种方式呈现教学内容，开展教学活动。[②] 张治等从知识结构图谱化、资源组织系统化、学习数据可视化、学习管理智能化四个维度，提出了智能型数字教材系统的核心理念，引导构建优质的数字教材应用环境，优化资源供给方式。[③] 由于数字环境下采集的阅读行为数据在检验教育效果、提供个性化服务等方面极具优势，孙众等探索了数字教材中个性化学习资源的推送策略及技术实现方法[④]。随着数字教材的进一步发展和普及，它将带来怎样的教与学的深刻变革，我们又该如何对相应结果进行有效评价，这些问题都需要在实践中不断探索。

四、数字教材应用存在的问题

目前数字教材的应用过程还存在诸多亟待突破的瓶颈，主要体现在以下几个方面。

（一）与实现常态化应用还有较大差距

数字教材资源在应用试点地区基本完成覆盖，试点学校平台账号也被激活，但是常态化应用数据和应用实效堪忧。其主要原因是学校对数字教材的认识和理解不到位，教师信息化教育教学特别是线上教学能力有待提升，硬件设施环境支撑力不足等。另外，应用试点多分布于经济条件好、硬件设备相对完善的发达地区，但数字教材更大的意义在于帮助教育资源相对落后的地区实现资源的均衡配置，解决教育资源不均衡的问题。

---

① 钟春霞，王冬青，蔡午，等 . 基于增强现实技术的数字教材设计与实现［J］. 教育信息技术，2017（3）：14–18.

② KUSHWAHA R C，SINGHAL A，BISWAS A. E–Textbook Enrichment Using Graph Based E–Content Recommendation［J］. Journal of Computational and Theoretical Nanoscience，2020，17（1）：492–498.

③ 张治，刘德建，徐冰冰 . 智能型数字教材系统的核心理念和技术实现［J］. 开放教育研究，2021（1）：44–54.

④ 孙众，骆力明，綦欣 . 数字教材中个性化学习资源的推送策略与技术实现［J］. 电化教育研究，2014（9）：64–70.

（二）平台服务支撑能力不足

一些数字教材平台存在网络卡顿，客户端、账号、多端口对接不畅等问题，如学生的应用终端不足、数字教材客户端不支持多系统使用等，这都在一定程度上制约应用的规模。因此，解决数字教材应用的“最后一公里”问题迫在眉睫。同时，一些平台功能不够完善，如在共享开放、与地方平台对接、作业导入、批改、统计和反馈等方面有待进一步优化。另外，一些数字教材平台在设计规划初期缺乏多方面的调查和研究，以至在科学规划、系统设计方面稍有不足。

（三）优质资源的结构性供给不足

数字教材平台所提供的优质资源和部分教材种类仍有待扩充。学科资源仅停留在满足学习者普通需求的层面，且不同学科存在资源差异，有些学科资源不够丰富，换言之，平台资源存在学科、学段分布不均衡的问题，导致一些试点学校动力不足、积极性不高，这就需要各平台提供更丰富的资源支持。

（四）教师培训服务问题

在培训与服务层面，不同年龄层次、不同性别的教师对数字教材的接受度不一样，且应用数字教材的能力均有待提高。一方面，相当一部分教师仍停留在“教数字教材”层面，没有掌握如何“利用数字教材”，需要相关部门组织全覆盖、精准化、常态化的相关培训，以提高教师全面应用数字教材的能力；另一方面，平台操作应用的落地服务和专业教学应用的驻地服务队伍没有构建起来，数字教材的支持力、引领力不强，亟须加强和完善示范区、示范校和本地学校的有效引领、常态化指导的机制等，快速有效地搜集、分享、传播好的做法和成功经验。

【思考与练习】

1. 试述数字教材与教育数字化转型的重要意义。

2. 数字教材的主要特征是什么？谈谈你对数字教材优势的理解。

3. 结合数字教材的应用现状，谈谈我们应如何开展数字教材的教学应用。

第三章
数字教材的应用环境与支撑系统

构建智慧的信息化环境是开展数字教材应用的基础。在学校教育领域，信息化环境的核心是智慧课堂。本章阐述了智慧课堂环境的总体架构和环境示例，重点介绍了数字教材与智慧课堂应用的支撑系统，以“八桂教学通”为例介绍系统的功能设计，为教师开展数字教材的应用奠定基础，同时阐述了数字教材与新技术结合的潜力及其发展前景。

学习要点

1. 了解智慧课堂的信息化环境总体架构。
2. 理解数字教材与智慧课堂应用的支撑系统的功能设计。
3. 结合功能设计，举例说明数字教材的教学应用方法。
4. 了解数字教材的智能化发展过程。

内容架构

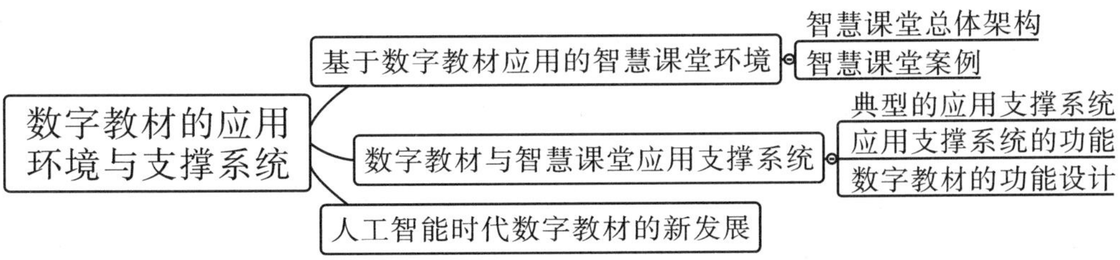

第一节　基于数字教材应用的智慧课堂环境

一、智慧课堂总体架构

在中小学教育领域，智慧学习环境的核心是智慧课堂。“云 + 端”是智慧课堂的基本技术架构。市场上的智慧课堂产品基本面向中小学校课堂教学场景，在每个教室配有多媒体设备的基础上，将教育云、智能终端等智能硬件与互动教学支撑系统、优质资源进行集成，为老师、学生、家长提供贯穿课堂内外的教育服务。智慧课堂环境总体架构的一般模式，包含智能硬件支撑系统和软件系统，如图 3.1.1 所示。

图 3.1.1　智慧课堂环境总体架构图

智慧课堂的智能硬件支撑系统一般以智能终端为核心，包括摄录设备、投影仪、交互式电子白板、教室云服务器、平板电脑充电车等，根据不同的建设需求配备不同的硬件设备。多媒体触摸一体机、电子白板、投影仪支持无线环境使用，具有灵活的接口支持，能打通支持互动课堂的各类信息化工具和软件的功能及数据，能与移动智能终端设备进行交互展示。智能终端设备兼容当下主流操作系统，便于安装各类应用程序，界面友好、美观。教师通过操作可以随时将电脑、教师端、学生端的画面投影到电子白板，合理的画面切换能吸引学生的注意力，提高学习效率。

智慧课堂的软件系统由“课堂教学支撑系统 + 云平台”构成，主要包含教育云平台、互动教学支撑系统，以及数字教材、自主学习系统、备课系统、优质教学资源等内容。教育云平台围绕师生、家长等用户的切实需求，实现了优质教育资源的共建共享，可以提供不同类型的服务模式。互动教学支撑系统以硬件为载体，打破传统课堂中的单向教学模式，能开展高效的人机互动，提供教学数据即时反馈、教学评估、数据分析等功能，实现多屏互动、即时测评、资源共享等功能，打造研讨式、体验式的创新教学环境。自主学习系统的产品设计一般注重趣味性、竞争性、成就感的用户体验，以竞技挑战和趣味养成的方式，激发学生的自主学习意愿，有利于帮助学生构建逻辑性强的知识体系。在课前和课后，学生充分利用碎片时间，通过游戏化的方式学习和巩固新旧知识，形成完整的知识体系。备课系统会提供丰富的嵌入式工具，提高备课效率及课件品质，是教师实现课件资源共建共享、个性化备课设计的创新型备课平台。

二、智慧课堂案例

1.“八桂教学通”平台

“八桂教学通”平台作为广西壮族自治区教育资源公共服务平台的重要组成部分，以多个版本的数字教材为核心，助力中小学校进行智慧教学，进一步推进国家义务教育阶段数字资源规模化和常态化应用。截至 2022 年底，“八桂教学通”提供了兼顾基础性、科学性、权威性的数字教材 348 册次、配套的课程教学资源约 10.3 万条。除了开展“八桂教学通”的数字教育资源建设，广西壮族自治区还把学科教研与“八桂教学通”常态化应用结合起来，将数字教材规模化应用培训纳入教师业务培训和新教师岗前培训，充分利用“八桂教学通”辅助课堂教学，将智慧课堂与教学实际有机结合。“八桂教学通”最大的优势是“让备课更轻松高效、让课堂更丰富有效”，平台提供了数字教材、教学课件和教学课程等多种备授课工具，引导教师使用多种方式开展智慧教学，促进智慧课堂教学改革。“八桂教学通”平台界面如图 3.1.2 所示。

图 3.1.2 “八桂教学通”平台界面

2.“5G+VR 智慧教室”

沉浸式智慧课堂近年来也备受关注。“5G+VR 智慧教室”是“5G+VR”教学同步课堂试点项目，也是沉浸式智慧课堂最直接、最新颖的形式之一，通过软硬件一体化教学方案支撑多设备同步教学，让教学管理系统真正实现教、学、练、考四位一体的新模式。此项目利用 5G、大数据、云计算等先进技术优势，通过云平台将各类教学内容同步到 VR 眼镜，实现沉浸式虚拟教学的效果，有助于开展具有危险性的实验演示教学，如中小学生的防溺水互动式教学。同时，教师还能轻松实现对教学进度和课堂纪律的有效管控。

3.“智慧课堂”

“智慧课堂”是整合电子书包、掌中黑板、答题器、数码笔等智能设备，集教学助手、移动讲台为一体的解决方案。它能够支持多种智能终端配置，支持多种课堂师生互动，实时获取答题反馈，即时汇总统计结果，实现教学模式的多样化。广西上思县实验小学在 2018 年开始使用“智慧课堂”开展教学活动。在“智慧课堂”上，学生点击手中的学习卡进行答题，教师在电脑上实时查看学生的答题情况；学生答完题，教师即可在电脑上查看平台系统对学生答题结果的分析列表；教师对学生的学习状况进行分析评价，并可将评价内容发送到家长的手机客户端上。“智慧课堂”为师生提供了丰富的教学资源，通过师生互动、家校互动，让学生的知识留存率由原来的约 5% 提高到约 50%。该平台已在多个地区投入使用，取得了良好的效果，得到了教育部门、师生及家长们的认可。

4.“粤教云”智慧课堂

“粤教云”智慧课堂推出了云服务课堂、云互动课堂、云协同课堂三类应用模式。云服务课堂延伸课堂边界，促进优质教育资源“班班通”，推进智慧课堂的普及化和常态化；云互动课堂以互动、协作、评价、分享、个性化为特征，构建有效提高教学质量的信息化教学模式；云协同课堂以云平台汇聚资源与服务，城乡师生“共享一片云、同上一堂课”，促进教育的公平与均衡发展。

根据课堂环境设备部署水平从低到高的排序，云服务、云互动、云协同三类课堂的软硬件环境如图 3.1.3 所示。

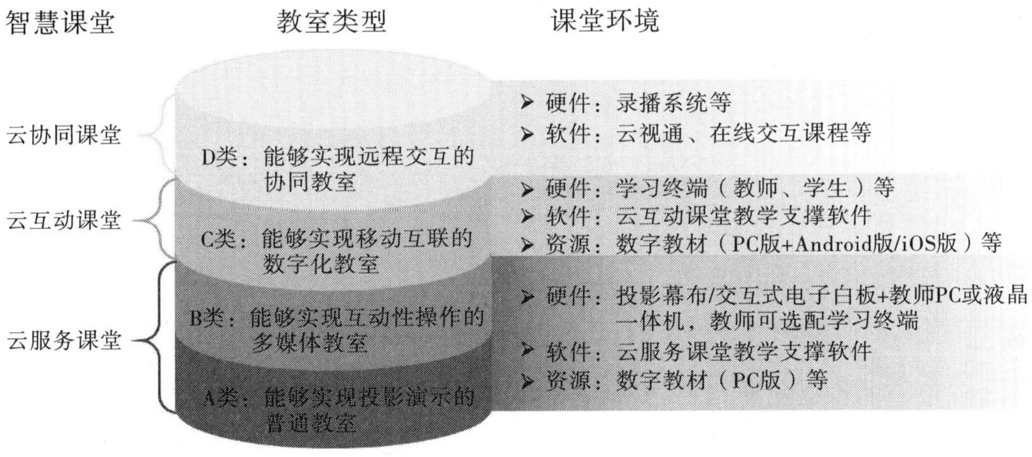

图 3.1.3　云服务、云互动、云协同三类课堂软硬件环境

（1）云服务课堂

云服务课堂教学管理软件基于云计算技术，整合“粤教云”资源中心的海量资源。管理软件提供了丰富的学科教学工具，方便教师上课使用。云服务课堂主要研究数字教材的规模化、常态化应用以及与其他应用工具的整合应用，云服务课堂的核心资源是数字教材和数字教辅，具有立体化、互动化、智能化的特点，提供了丰富的教学和学习方式，同时立体化拓展了教材内容，并提供教学设计、评价和管理功能。图 3.1.4 为云服务课堂的教室环境示意图。

图 3.1.4　云服务课堂的教室环境

（2）云互动课堂

云互动课堂需要为教师和学生每人配备一台学习终端。在人手一台学习终端的环境下，云互动课堂融合云服务、数字教材、学科教学工具等元素构建新型教学环境，探索有效提高教学质量的信息化教学模式与方法。在云服务课堂环境的基础上，为教师和学生配备的学习终端，能提供云互动课堂教学支撑系统、无线组网与通信关键设备以及核心云服务，创设云端学习环境，支持课堂教学模式创新，转变教与学方式，提升课堂教学效果。

云互动课堂使用信息技术支持课堂的教与学，具有示范应用、多屏互动、多人互动等特点，打破了呆板的封闭式系统模式，提供了一种全开放式的教育模式，改变了当前的教学理念，形成了新的评价体系。云互动课堂能支撑起立体化的教学活动，在教师和学生之间搭建良好的沟通桥梁，帮助学生进行感性认知、探究学习、协作学习，初步完成从知识巩固、能力培养到素养积淀的进阶。图 3.1.5 为云互动课堂的教室环境示意图。

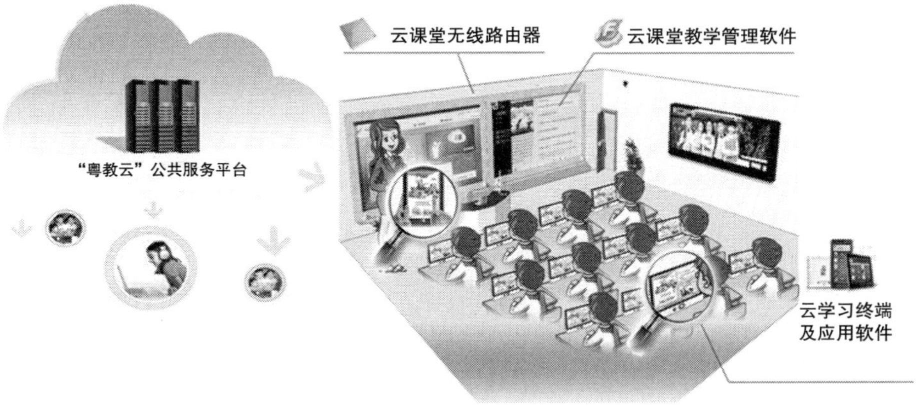

图 3.1.5 云互动课堂的教室环境

（3）云协同课堂

云协同课堂以云平台汇聚资源与服务，为师生提供云端多媒体移动课堂教学服务与师生互动服务，将名师、名校课程通过云服务延伸到农村和城市的薄弱学校，促进教育公平与均衡发展。

在设备配置方面，云协同课堂环境在云互动课堂环境配置的基础上增加了录播系统、远程视讯墙等设备，目的是基于优质资源共享，实现全面协同的互动课堂教学，即实现两地互动课堂同步、互联授课。

第二节 数字教材与智慧课堂应用支撑系统

一、典型的应用支撑系统

数字教材与智慧课堂应用支撑系统（以下简称为“应用支撑系统”）减轻了教师的工作负担，也能够给学生提供更好的学习环境。在课堂教学过程中，应用支撑系统能够提供教学资源、课堂互动的工具、语音测评服务、网络学习空间等。在国内使用范围较广的几种应用支撑系统有创而新知慧云教学支撑系统

（ForClass）（如图 3.2.1）、讯飞畅言教师助手与青鹿智慧课堂教学系统，在广西使用范围较广的应用支撑系统是“八桂教学通”平台（如图 3.2.2）。

图 3.2.1　创而新知慧云教学支撑系统（ForClass）

图 3.2.2　“八桂教学通”平台

本书将以“八桂教学通”平台为例介绍应用支撑系统。“八桂教学通”以数字教材为核心，在教学课程组织工具、教学课件工具、资源库、学科工具库、课堂活动库、授课工具库等基础模块的支撑下，为中小学提供备课、授课以及教学管理等功能，是支持课堂教学场景应用的数字化教学平台。“八桂教学通”平台可在电脑端、平板端和手机端使用，教师可以根据具体的教学场景选用合适的系统环境，比如“八桂教学通”平板端主要用来支持教师移动授课、查阅教材、查看资源等操作，配合电脑端帮助教师进行备授课操作，以提升备授课效率，优化教学过程。

二、应用支撑系统的功能

应用支撑系统以轻量级互动工具为载体，将信息技术手段融入课堂教学中，从而实现课堂教学的创新。应用支撑系统的组成和功能如图 3.2.3 所示。

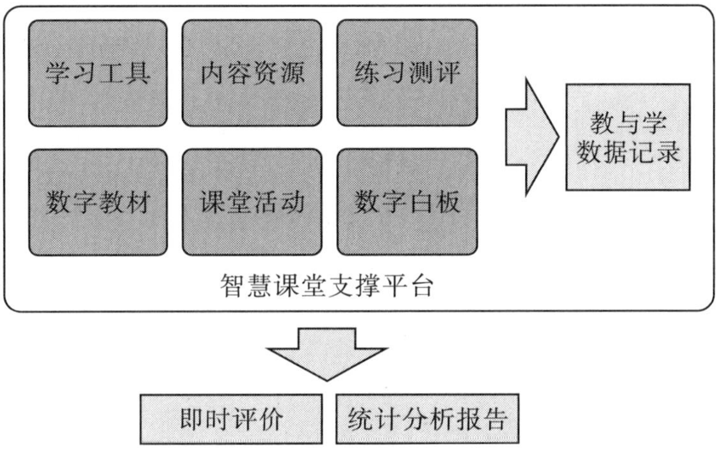

图 3.2.3 数字教材与智慧课堂应用支撑系统的组成和功能

应用支撑系统主要包含的功能如下。

1. 资源服务

智慧课堂中的资源是指在智慧课堂环境的教学过程中，课堂参与者之间传递的辅助教学资料和课堂生成性资源。资源服务包含了形式多样的资源，学生可以根据教材版本、所在学段等选择相对应的学习资源。这些资源不仅仅局限于文档或者电子教材，还包括图片资源、视频资源、音频资源、多媒体课件资源和教学过程中的生成性资源等。应用支撑系统的开放教学平台中，教师资源可以是课前组织的含有交互活动的备课档案，支持授课过程中的添加与补充；云资源中心作为教学平台的资源支撑库，支持实时访问和获取资源。应用支撑系统在资源互通方面基本具备上传、下载和分享功能，以实现教学辅助材料在教师端与教师端、教师端与学生端之间的传递。另外，借助计算机和网络技术的支持，应用支撑系统对课堂生成性资源也能起到良好的记录和分享作用。如

“八桂教学通”的教学课程模块，不仅能支持教师更灵活、开放、方便地组织课堂教学所需的全部素材，还能为教师提供资源库、学科工具、授课小工具。该平台集教学资源库和授课工具为一体，支持导出离线授课资源包，配合数字教材满足教师在有网络和无网络环境下进行授课的需要及在信息化环境下课堂教学的基本需求。

2. 课堂互动

应用支撑系统的重点功能是营造良好的师生互动环境，为师生、生生之间的互动提供支撑。当前的应用支撑系统普遍支持抢答、随机、分组等多种教学方式，提供投票、分享屏幕、拍照对比讲解等互动功能。同时可将课堂上枯燥单调的分类、填空、判断等题目以趣味互动的形式呈现出来，让学生在体验游戏的过程中参与作答，提升学生的学习兴趣，增强学生对知识点的记忆与理解，并检测学习情况。特别是交互式测评功能，能使教师对学生学情的关注变得快速、全面、准确。通过呈现班级学生在交互活动中的实时表现，以图表的形式进行汇总和分析，教师可及时地了解学生参与课堂活动的状况，如习题的测评结果、作答详情和学生的掌握水平等。系统对每个学生的个人信息、学习过程和阶段情况等实现完整的系统跟踪记录，这样既有助于教师了解学生学习情况，又有助于学生查漏补缺。

3. 教与学工具

应用支撑系统中的教与学功能大致分为课程管理、设备管理、学生管理、电子白板、编辑工具、拍照分享六个方面。在电子书包云管理系统中也包含部门信息管理、教师信息管理、班级信息管理、学生信息管理、教务信息管理、账号信息管理和电子书包资源管理等①。在传统课堂中，教师使用粉笔进行书写，课堂的知识传授内容就被局限在有限的黑板和书写时间里了。应用支撑系统能够提供电子白板及白板工具，且能够实现屏幕内容放大、聚光灯、遮屏、板书等功能，在虚拟空间上拓展物理显示空间。如“八桂教学通”中的学科工具库（如图 3.2.4）还提供不同学科的特色工具，支持添加个性化内容以适应实

① 贺平，郑娟，王济军．电子书包应用现状与未来研究趋势［J］．中国电化教育，2013（12）：52–56，60.

图 3.2.4　“八桂教学通”学科工具库

际教学环境。

4. 语音测评服务

基于先进的语音合成和语音测评技术，应用支撑系统还能实现中英文手写识别、智能朗读、拼音朗读、词典调用、中英文测评等功能，并通过集成富媒体资源提供情景对话和诗词对答功能，激发学生学习兴趣，活跃课堂气氛。如英语学科中的语音测评服务涵盖了各个地区不同教材版本的英语口语测试习题库，学生可以根据自己的年级选择相应版本的教材。①

5. 网络学习空间

网络学习空间为教师、学生以及家长提供了一个交流的平台，帮助学生形成学习共同体，提高学生学习的积极性。网络学习空间提供基础空间服务，教师可以和同行交流彼此的教学心得，学生可以和同学交流彼此的学习心得，家长可以了解学生的学习情况。教师还可以在交流空间中参与学生的讨论，解答学生的问题，及时掌握学生的学习情况，对学生进行个性化的指导，并将有针对性、代表性的问题提取出来，到实际的课堂中进行统一讲解。

6. 远程控制与屏幕镜像

应用支撑系统基于远程控制与屏幕镜像技术。通过专用学习终端硬件，教

① 庞敬文，王梦雪，唐烨伟，等. 电子书包环境下小学英语智慧课堂构建及案例研究［J］. 中国电化教育，2015（9）：63–70，84.

师在课堂教学中可便捷控制学生端、获取学习终端的屏幕镜像。针对课堂教学的高并发、高数据量传输的使用特点，远程控制与屏幕镜像可优化传输过程中的数据结构，满足课堂中的管理需求，实现屏幕分享和互动，如图 3.2.5 所示。

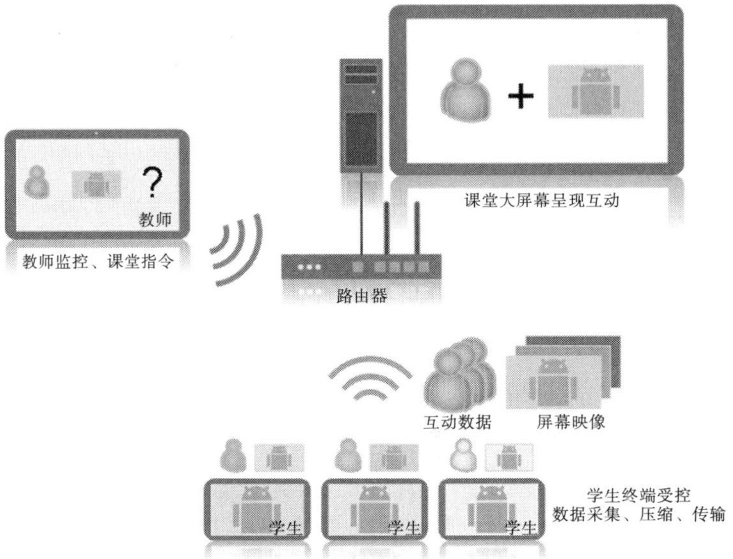

图 3.2.5　远程控制与屏幕镜像功能示意

三、数字教材的功能设计

数字教材作为教育信息化改革的关键要素，不仅要支持课外教学活动的开展，更要服务于课堂教学。因此，数字教材应该是一个能同时面向课内和课外的泛在学习系统。它能够有效整合内容资源、物理设施、软件工具、网络服务、社会环境等多个方面，并具有持续性、可获取性、实时性、交互性、情境性等特点。胡畔等从支持教与学的角度出发，构建了一个以数字教材内容为中心，以教学工具、硬件设施及网络平台为支持环境的数字教材功能模型，如图 3.2.6 所示。①

① 胡畔，王冬青，许骏，等. 数字教材的形态特征与功能模型［J］. 现代远程教育研究，2014（2）：93–98，106.

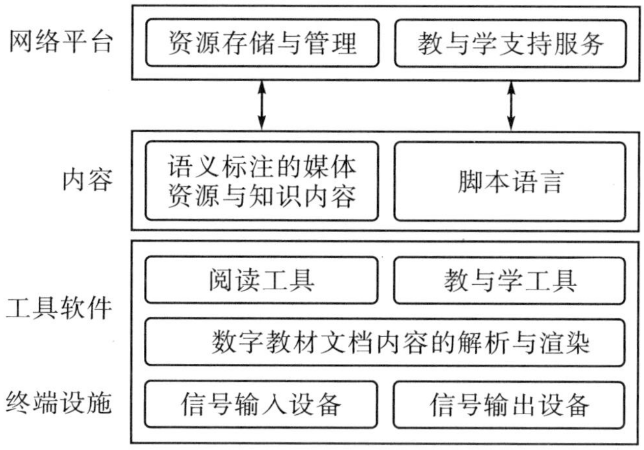

图 3.2.6　数字教材系统的功能模型

我国数字教材发展迅速，一些出版社及相关公司都开发过数字教材，如人民教育出版社、北京师范大学出版社、外语教学与研究出版社、大象出版社等教育类出版社，以及台湾康轩文教集团公司、香港现代教育集团、明博教育科技股份有限公司、创而新（中国）科技有限公司等教育科技公司都开发了数字教材。此处以人教数字教材为例介绍数字教材的功能。

人教数字教材是人民教育出版社依据国家课程标准，以人教版纸质教材为蓝本研发的富媒体教材，是以课程论、教学论、教育学、心理学、信息技术学等理论为指导，以提高教学和学习效益为目标，满足教育信息化需求的数字化、立体化教材。①它利用信息技术将教材模块化、内容立体化、资源功能化，围绕教材重难点提供示范性、多层次的数字教学资源，并通过资源的交互性设计和即时评价等功能，服务于自主性、探究性教学，可用于教师和学生的课前预习、课堂教学和课后复习。数字教材不是纸质教材的简单数字化，而是学科教学与信息技术深度融合的产物。数字教材除了具有落实课程标准基本要求、支持教学活动、呈现知识体系和体现认知规律的特点，还具有能建立与其他数字资源的关联性、能实现跨平台共享的开放性以及交互性。用户在线更新数字教材后，可离线使用它，也可结合资源平台在线使用。

① 康合太，沙沙 . 数字教材建设的探索与实践：以第二代“人教数字教材”为例［J］. 中国电化教育，2014（11）：80–84，100.

数字教材的功能主要体现在以下几点：

1. 有机结合优质资源，提供示范性学习素材

围绕课标要求和教学重难点，提供有序、多层次、多维度、高质量的多媒体资源，为信息化教学提供各类适合的素材，减轻教师备课负担，提升课堂教学效益。图 3.2.7 为人教数字教材的多媒体资源片段。

图 3.2.7　人教数字教材的多媒体资源片段

（1）向内延伸：集成多种学习材料

数字教材可以非常便捷地整合课堂教学需要的多种教与学的资源，同时还可通过网络或者同步功能，实现资源之间的互通互用。这样，整合后的教材内容充分体现了数字教材的资源属性。

（2）向外延伸：整合应用商店中的应用程序和网络资源

数字教材依托的平板电脑或其他终端设备可以从应用商店中下载许多面向教育领域的应用程序，为教学活动提供所需资源。这些丰富的应用程序能辅助数字教材更全面地发挥作用。利用终端设备上的网页浏览器，还可以获取更多的网络资源。根据教学场景的需要，对这些资源进行合理设计，可扩展数字教材的资源供给，还可实现虚拟课堂与现实课堂的同步开展。

2. 交互性资源与工具，支撑自主探究式学习

富媒体技术强调媒体性和交互性的有机统一。人教数字教材改变了传统数字教材内容的单向呈现方式，通过提供交互式图片、3D 图像、拖拽题、选择题等各种控件，为学习者提供视觉、听觉、触觉等感官的冲击和体验，实现了数字教材与学习者的双向互动。

如图 3.2.8 所示，人教数字教材提供大量交互性资源和学科工具，激发学生的浓厚兴趣和探究行为，加深学生对内在逻辑的理解，为学生的自学与深入探究提供有力支撑。

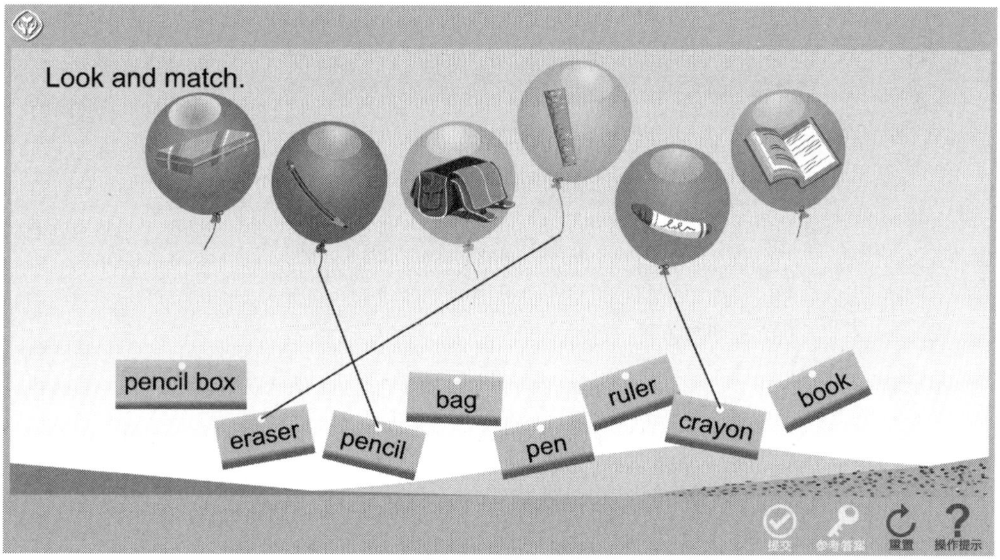

图 3.2.8　人教数字教材中的交互性资源

3. 即时反馈与过程性评价，实现个性化学习

传统的师生课堂反馈主要通过言语（如口语汇报）和肢体语言（如举手）来完成。在应用人教数字教材的课堂上，借助无线投影功能，教师可将学生在数字教材上的书写结果展示在大屏幕上，对学生的学习结果进行即时反馈（如图 3.2.9 所示）。通过对教材的交互处理，实现课堂的即时反馈，有效改善评价方式，使教师迅速掌握学情，同时为学生提供自我反思与评价的机会，提升了教材在个性化学习指导上的应用效果。

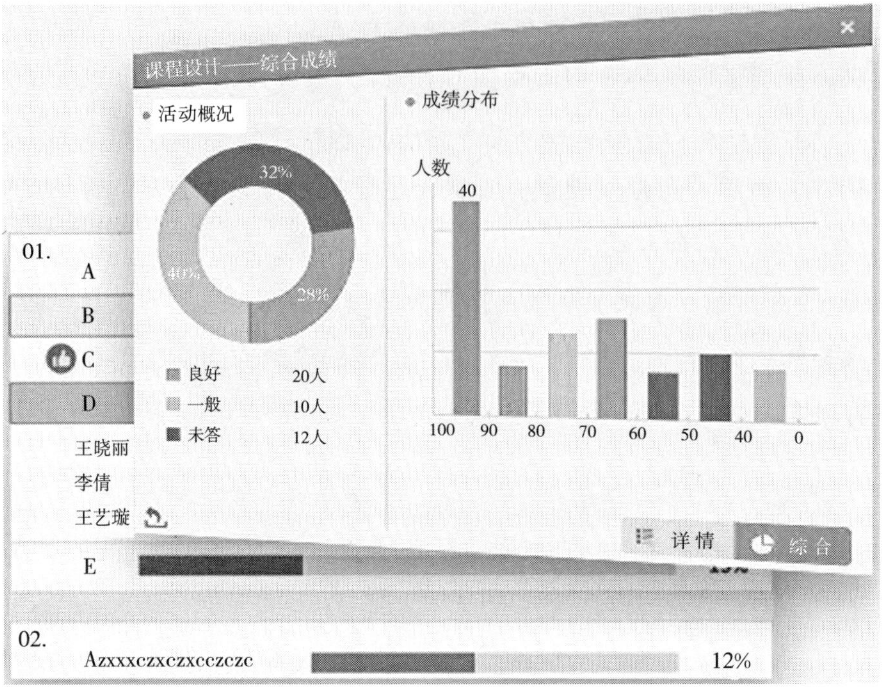

图 3.2.9 人教数字教材的即时反馈功能

4. 支持协同创作，促进合作学习

自从信息技术进入课堂，能否协作和展示成果成为衡量课堂教学效果的两个重要指标。在应用数字教材的课堂上，教师通过组织丰富的课堂教学活动，引导学生利用平板开展合作探究、完成学习任务、展示和分享学习成果、达成学习目标，促进学生由低阶认知向高阶认知的目标发展。

5. 稳定易用，支持多样化应用环境

人教数字教材可在线更新，也可离线使用，操作简易，使用稳定、流畅。终端设备自带 Wi-Fi（移动热点）功能，支持无线上网。尤其对教高年级的教师而言，可根据教学的需要，实施在线与离线相结合的信息收集活动，让学生利用网络收集有用的数据信息，培养学生搜集信息和甄别信息的能力。人教数字教材提供适用于各个系统的产品，可单独使用，也可与多种信息化教育平台和系统融合应用，如图 3.2.10 所示。

图 3.2.10　人教数字教材适用不同的终端设备

第三节　人工智能时代数字教材的新发展

随着数字处理技术、媒体技术、网络技术的发展以及与智能终端的融合，数字教材呈现阶段性发展的形态与特征。① 从技术介入的深入程度看，数字教材经历了资源数字化、工具通用化、教材平台化三个阶段②。从媒体多样性和交互性的角度看，数字教材经历了静态媒体数字教材、多媒体数字教材和富媒体数字教材三个阶段③。随着新一代信息技术的发展，数字教材逐渐发展为多媒体、富媒体形态，教学平台、教学系统、教学数据库的规模不断延展④。

2017 年，国务院出台《新一代人工智能发展规划》，提出人工智能将“无时不有、无处不在”的发展思路，标志着我国开始进入人工智能高速发展的新时代。2019 年，中共中央、国务院印发了《中国教育现代化 2035》，要求加强

① 王润．数字教材与纸质教材关系演进：历程、逻辑与展望［J］．教育学报，2021（5）：111–122.
② 孙众，骆力明．数字教材关键要素的定位与实现［J］．开放教育研究，2013（4）：60–67.
③ 胡畔，王冬青，许骏，等．数字教材的形态特征与功能模型［J］．现代远程教育研究，2014（2）：93–98，106.
④ 沙沙．数字教材的边界问题分析及对策研究［J］．课程·教材·教法，2022，42（2）：67–72.

课程教材体系建设，充分利用现代信息技术，丰富并创新课程形式。2021 年，教育部高教司发布了《关于公布新兴领域教材研究与实践项目的通知》，其中立项的 41 项中有 39 项属于专业领域新型教材建设，强调要推动教育教学方法技术的升级改造[①]。可见数字教材已成为教育新基建的重要任务，也是教育领域数字化战略行动的重要内容[②]。数字教材载入智能算法、大数据等人工智能技术，能够实现与人类相媲美的感知、认知、决策、执行等功能，为教师提供精准的教学辅助，为学习者提供个性化学习内容。

在教学应用方面，数字教材鼓励教师从伴随式评价、个性化学习、群智化环境等方面开展创新化的教学实践和教学研究，探索数字教材实践教学的创新应用模式，从而构建面向数字教材的实践应用新格局。[③] 以伴随式评价为例，依据学生应用数字教材产生的学习数据，如个人身份信息、在线交流内容、在线学习行为以及学习结果评价等，构建学习者画像，实现对学生学习过程的观察、记录与分析，帮助师生准确了解学习状况、解决教学问题，促进基于过程性证据的评价。

从技术融入层面探讨数字教材的新发展也是近年的热点话题，学者们尤其关注新型技术的教育应用。

1. 基于虚拟现实技术（VR）和增强现实技术（AR）的数字教材

AR 技术使学习者能够在更加真实的情境中

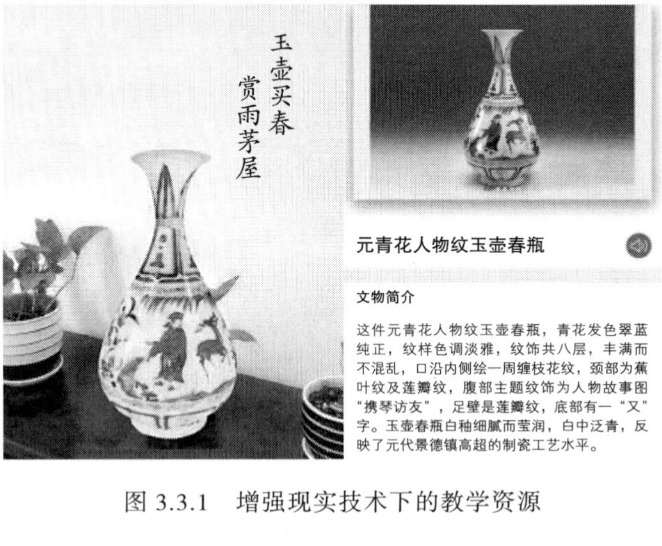

图 3.3.1 增强现实技术下的教学资源

① 郭文革，黄荣怀，王宏宇，等 . 教育数字化战略行动枢纽工程：基于知识图谱的新型教材建设［J］. 中国远程教育，2022（4）：1-9，76.

② 顾小清，张乐乐 . 教育数字化转型时代数字教材的建设方向与发展路径［J］. 大学与学科，2022（4）：82-89.

③ 孙众 . 伴随式、个性化与群智学习：探索数字教材实践应用新格局［J］. 中小学数字化教学，2021（S1）：5-7.

实现教与学的互动，加强教材的智能交互功能，因而在教育领域内有着巨大的应用前景，也是新兴技术在教学环节应用的一个发展趋势，图 3.3.1 所展示的就是增强现实技术支持下的教学资源。VR 技术具有仿真和交互的特性，能将抽象、晦涩难懂的知识以生动、直观的方式呈现，用沉浸式体验增强学生的代入感。以往此类技术常应用于医学教育、工程操作类教学中，现在越来越多的学者开始积极探索学科教学领域中 VR 技术的应用，VR 技术能突破时间和空间的限制，让学生"身临其境"，近距离感知不能直接接触到的地方和事物，如危险的火灾现场、微观世界、非现实的虚拟历史场景等，从而优化学习内容，让知识可视化和形象化，提升学习者的沉浸感和专注度，让学习者从被动学习转变为主动学习。

2. 融入知识图谱的数字教材

知识图谱在教学应用中，可辅助教师完成备课、教研、出题和试题分析的工作，以个性化推荐的方式为教师推荐同类相关的资料，提升教学效率。基于知识图谱，数字教材能快速反馈学生的学习状况和薄弱点。基于对学情更加准确的判断，结合知识点之间关联关系、前后顺序关系，这样的数字教材能合理且有针对性地推荐相关内容以及学习策略，规划学习路径，完成精准检测、内容推送、路径规划等整个流程的动态闭环，从而提升学生的知识掌握程度。如自适应学习系统 Knewton 通过数据收集进行推断及建议，为每一名学习者的个性化需求进行适配，其核心技术就运用了知识图谱。建设基于知识图谱的新型教材，是培养具有交叉学科视野和问题解决能力的新型人才、推动学科交叉融合、支持教育高质量发展的一项基础枢纽工程[①]。

3. 嵌入语音测评技术和自然语言处理技术（NLP）的数字教材

语音测评技术能够对学习者进行发音标准程度的评价和发音问题的诊断，该技术应用场景应覆盖课前预习、课上练习、课后监督和考试的自动化评分等环节。自然语言处理是指将人类语言转换成计算机可处理的形式的技术，其核

① 郭文革，黄荣怀，王宏宇，等. 教育数字化战略行动枢纽工程：基于知识图谱的新型教材建设［J］. 中国远程教育，2022（4）：1–9，76.

心是语言的理解和分析，它需要通过语法、语义、上下文等多个方面来理解语言中的含义。将两者结合进行智慧备课、智能答疑，既能保证大多数学生的学习进度，又能照顾学生的个性化需要，为学生答疑解惑，配合教师监督学生的自主学习过程。利用 NLP 技术还可以实现智能组卷、智能阅卷、自动反馈和评价，学生可以获得及时的学习效果反馈，从而有针对性地提高学习能力。

数字教材的智能化发展，在提升学习者的学习效率与效果、实施因材施教、促进教学高质量发展等方面具有明显优势，但单一技术的运用难以让数字教材承载更多的数字化教学模式，不利于构建数字教材生态系统。人们开始探索智能化的数字教材综合学习平台（亦称为“智能型数字教材系统”），其以数字教材和智能学习平台为支撑，以提升教学效率和促进个性化为目的，具有知识结构图谱化、资源组织系统化、学习数据可视化、学习管理智能化的特征，是集成智能终端、数字化资源、教与学工具、学习社群、学习路径规划、教学策略实现等的组合系统，通过实现智能教材的自适应选学、智能导学、伴随式学习评价和深度互动等智能教育功能，赋能教育教学提质增效。“智能终端 + 教材专用平台 + 智能系统”的模式创生出了数字教材的新形态①，即智能教材系统。智能教材系统功能的模块结构如图 3.3.2 所示。

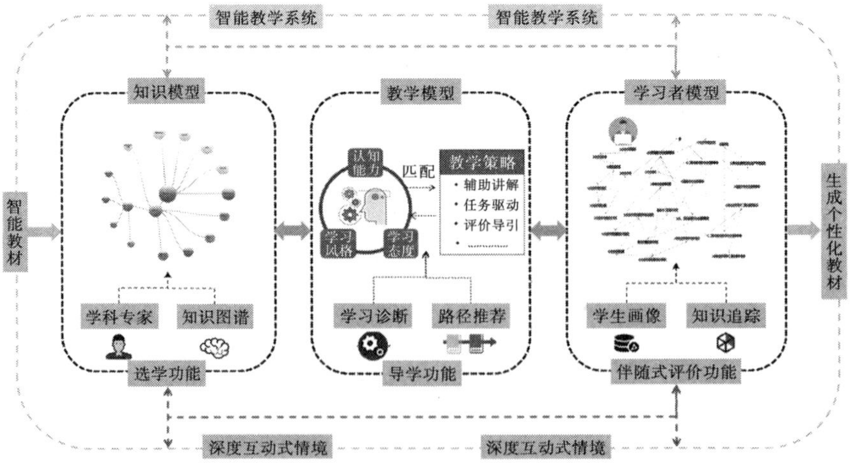

图 3.3.2　智能教材系统功能的模块结构示意图

① 李锋，盛洁，黄炜．教育数字化转型的突破点：智能教材的设计与实现［J］．华东师范大学学报（教育科学版），2023（3）：101–109.

智能型数字教材系统包含了传统纸质教材无法承载的信息与能力，其借助的核心组件包括学习模型、教学策略模型、学习者数字画像和知识图谱，系统基于大数据描绘用户画像，结合知识图谱为用户构建系列化、策略化、科学化的学习体系，将课堂内外多渠道、全方位打通，实现线上线下教学无缝衔接，使泛在学习和自适应学习成为可能，有利于培养新一代学习者的核心素养。

随着大数据技术、学习分析技术的不断深化应用，数字教材的研究还将进一步向智能化和个性化发展，更关注资源推荐策略设计、学习行为策略分析，思考如何更精准地提供资源和学习服务，继续挖掘课程教学实践中技术的教育功能，探索如何提高数字教材的应用服务实效。

【思考与练习】

1. 你是否接触过数字教材？请你介绍一下数字教材有哪些功能。

2. 结合你所在学校的信息化环境，分享一下你开展数字教材应用的教学实践过程。

3. 对于人工智能时代下的数字教材发展，你还有哪些思考？

第四章
基于数字教材的智慧课堂教学应用与案例

本章将呈现基于数字教材的智慧课堂教学应用与案例，包括情境化教学应用模式、探究教学应用模式、合作学习应用模式、项目式教学应用模式、游戏化教学应用模式、翻转课堂应用模式和 VR 数字教材课堂应用模式等。为了让读者对基于数字教材的智慧课堂教学应用模式有更深入的了解，本章选取了优秀的教学设计案例，通过对案例的分析可将基于数字教材的智慧课堂教学设计的理论方法与教学实践有机地联系起来。

学习要点

1. 说出各种教学应用模式的基本要素及基本流程。
2. 学习并分析各种教学应用模式的教学案例。
3. 结合自己的学科教学，选择恰当的主题，完成一个基于数字教材的智慧课堂教学设计。

内容架构

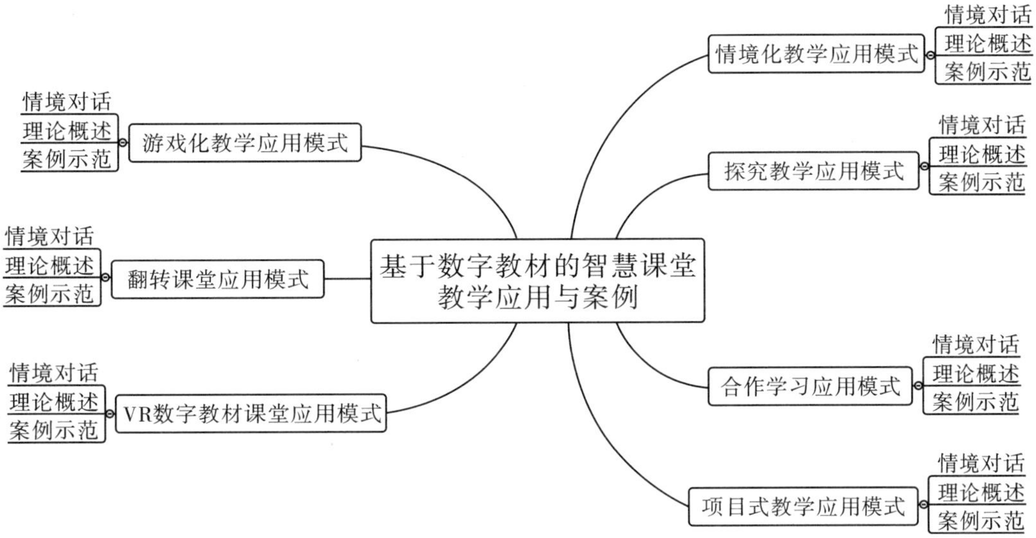
基于数字教材的智慧课堂教学应用与案例
游戏化教学应用模式
情境对话
理论概述
案例示范
翻转课堂应用模式
情境对话
理论概述
案例示范
VR数字教材课堂应用模式
情境对话
理论概述
案例示范
情境化教学应用模式
情境对话
理论概述
案例示范
探究教学应用模式
情境对话
理论概述
案例示范
合作学习应用模式
情境对话
理论概述
案例示范
项目式教学应用模式
情境对话
理论概述
案例示范

第一节　情境化教学应用模式

这是一节生物课《环境保护》，课前王老师在一体机上呈现了黄土高原以前和现在风景的对照图片，随后又向学生展示了已灭绝或濒临灭绝的野生动物以及受污染的动植物图片。学生看后都感叹唏嘘，接着王老师提出问题："为什么古代的黄土高原富饶美丽，而现在却是千沟万壑、满目疮痍？为什么这些动植物会从地球上消失？怎么样才能让它们不消失呢？"学生随即认真展开了思考。王老师在这节课中创设了一个问题情境来引导学生的学习，你知道创设情境的策略还有哪些吗？请举例说明。

在课堂教学中，教师可根据教学内容和教学目标，创设适合的教学情境，以学生为主体，活跃课堂气氛，调动学生的思维，激发学生学习的兴趣，帮助学生形成良好的学习动机，使学生获得较好的发展。情境可以理解为作用于学习主体，并从中产生一定情感反应的客观环境。

一、情境的分类

1. 问题情境

创设"问题情境"，就是在教材内容和学生求知心理之间制造一种"不协调"，把学生引入一种与问题相关的情境的过程。教师根据学生情况和教材内容创设的问题情境能激发学生的好奇心和求知欲，创设的问题情境应基于教学目标，注意培养学生的发散性思维与创新意识，其问题设置应难度适中。比如在教学《好学的爸爸》（出自苏教版一年级语文下册）第一课时，可以先让学生进行一个分享讨论活动，彼此交流"你的爸爸是一个什么样的人？""你爸爸身上的哪一点让你印象深刻？"等问题，让学生有机会去了解自己的爸爸，在巧妙地导入后，学生就能很快进入课文的学习中。

2. 真实情境

创设真实情境，即让学生亲临现场，在真实的生活或工作场景中学习知识，运用所学知识解决实际问题。通过创设真实情境进行范例教学，学生可以学以致用，身临其境，在真实情境中施展自己的才能，在积极思考中提高解决实际问题的能力。

3. 模拟真实情境

一些危险、不易或不宜真实接触的教学内容可以通过创设模拟情境来满足教与学的需求。比如学生通过自编自导自演英语情景剧来锻炼英语听说能力，应用虚拟物理实验室来提高自主学习能力和创造能力等。

4. 合作性教学情境

教学中的合作有利于开拓学生思路，活跃课堂氛围，培养与他人协作的能力，也能充分调动学生学习的主动性。合作中有竞争，既能发挥学生个体的积极性，又能促进学生之间的相互团结、密切配合，增强集体荣誉感。例如体育教学中的合作性游戏的编排与应用能促进学生之间的团队合作。

5. 具有丰富学习资源的情境

数字教材能提供丰富的学习资源。在这样的情境中，学生能充分发挥学习的主体作用，教师则充当学习的引导者，使学生在探索中求知，从而培养学生独立钻研、独立学习的能力。

需要注意的是，各类教学情境不是彼此割裂的，而是相互联系、相互交叉的。在现实的教与学中，应根据教与学的实际需求创设合适的情境，并对其进行优化组合，以取得教与学的最优效果。

二、情境化教学的环节

情境化教学应用模式的一般结构框架如图 4.1.1 所示。

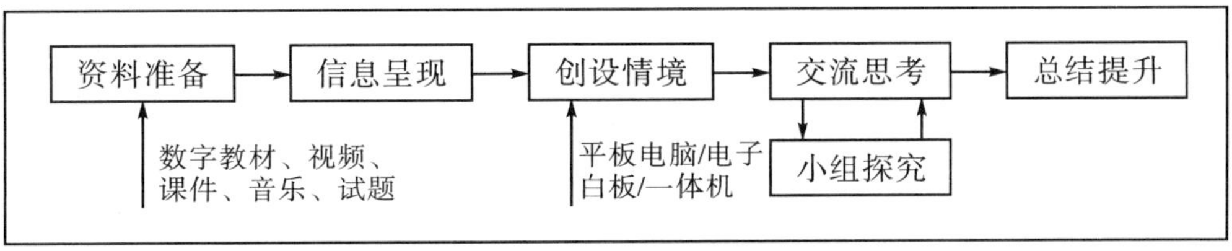

图 4.1.1　情境化教学应用模式图

首先是准备资料，教师课前要准备的资料有数字教材、微课视频、课件、音频、测试题等。依据学生的无意识心理与非智力因素来决定信息的呈现方式。创设的情境应根据教学内容、教学目标、学生原有认知水平和学生无意识的心理特征，诱发学生探索求知的良好动机。学生一方面按照教师的要求及学习目标分组模仿练习，从而巩固新知识；另一方面凭借想象来展开联想，切身体会解决问题的乐趣，获得成功的体验，从而强化对问题的求解能力。最后在总结提升中，教师根据教学反馈信息开阔学生的思路，努力营造情景交融的课堂氛围。

三、数字教材对情境化教学的支持

在情境化教学应用模式中，数字化资源的作用不仅仅是简单呈现教学信息，还让学生沉浸到数字化资源所展示的情境中，完成相应的学习任务，引导学生在学习中思考问题，解决问题。数字化资源应用于课堂的三种策略如下：

1. 激趣式课堂教学策略

激发学生对所学知识的兴趣和联想，让学生通过多感官的信息接收和思维处理，唤起学习的热情，营造活泼生动的课堂氛围；适时运用数字教材内嵌的丰富资源，为学生架设起课本世界与真实生活的沟通桥梁，促进课堂教学活动的开展。

这种策略可应用于课前导入。在课前导入环节，结合教学内容和社会生活实际，选取相关图片、动画、视频等，适时利用网络资源展示学习内容。这些信息化资源色彩丰富、形象逼真、趣味生动，能够使学生尽快进入学习状态，自然过渡到新的学习环节和任务中。

2. 协作式课堂教学策略

在这一策略实施的过程中，学生不是受控于教师的被动学习者，而是主动独立的准探究型“学者”。教师的传道授业已不仅是讲授教学内容，更重要的是能创设有利于课堂教学的学习情境，激发学生的协作精神和创新意识，实现数字化课程教学高效化的转换。

借助智慧课堂环境，能够实现学生学习的自主化和协作化，引导学生从网络上搜集有效的学科信息，并把这些信息与数字教材有机融合，最后在数字教材等平台上展示协作成果。

3. 探索式课堂教学策略

学生不仅要高效地学会学科知识，还要形成主动学习的意识，学会利用数字化信息技术收集信息、处理信息，开展自主探索和协作交流，在这种策略下，教师可以构建优质高效的数字化课程教学实践体系。

教师可以在教学设备（平板电脑、电子白板、一体机等）上打开数字教材，运用数字教材自带的功能，呈现虚拟的现实情境，让学生在体验中理解与掌握知识。教师也可通过应用支撑系统提供的学科教学工具，设置与教学内容相关的问题或任务，实时调整教学进度，合理讲授、演示难易点知识。

【案例示范】

案例一：　**古代诗歌五首**

桂林市桂林中学　蔡祺琪

案例背景：该教学案例出自人教版《义务教育教科书 语文七年级 下册》第五单元的第四课。

（一）温故知新，导入新课

学生在七年级上学期学习过《古代诗歌四首》，因此有一定的古诗学习基础与积累。教师可在新课导入时使用“八桂教学通”平台的数字教材功能，高效带领学生回顾七年级上册中的诗歌。

（二）创设情境，诵读诗歌

在古诗诵读方面，利用数字化资源，创设教学情境，提升教学效果。使用“八桂教学通”平台中的内嵌资源，将相应的音频、视频资源插入到课件中，利用视频中的名家诵读创设情境，让学生跟读，激发学生诵读古诗词的兴趣。

激趣导入。利用“八桂教学通”平台配合图片创设课前活动“飞花令”，教师播放古典音乐，提前准备好插图、诗歌意象相关的图片，利用“蒙层”功能覆盖，并使用交互式平板电脑，让学生走上讲台。教师随意在屏幕上擦除其中的一张意象图片，让学生通过观察图片，完成相应意象的“飞花令”对答。

（三）检测诵读、书写情况

将“八桂教学通”平台的内嵌资源插入到课件中，通过学生上台选择、检测，使学生更直观地发现书写中的易错字，巧妙地检测学生诵读、背诵的基本功，同时增加互动，为后面分析重点字词、体会作者情感做铺垫。

（四）比较阅读，感悟情感

利用表格，让学生梳理本课中所学诗歌的内容。引导学生回顾学过的类似诗歌。根据学生的课堂反馈，借助数字教材实时调取七年级上册学过的诗歌，突破纸质教材局限，让学生思考诗歌的联系，建立语文学习的思维。运用比较阅读的方法，让学生感受作品的异同，拓宽视野，加深理解。

使用“八桂教学通”平台中的思维导图的功能，引导学生归纳总结诗歌在主题上的特点。教师可在备课时提前插入相关资料到课件页面中，引导学生思考登楼诗和登山诗有什么不同，这有助于突破本课学习的重难点。

（五）课堂练习，巩固知识

在课堂中利用“八桂教学通”平台的习题功能，讲练结合，促使学生在学习中提升对诗歌的理解和应用。根据学生课堂生成的思考，在数字资源中选择其他已学过的诗歌进行对比阅读或分析。

【案例分析】

在本案例中，教师借助“八桂教学通”平台内嵌的教学资源，实现了数字教材与授课课件的融合，使得备课和授课更加高效快捷。同时，教师利用“八桂教学通”的交互功能，拓展了语文的学习空间，为学生创设了更加丰富、更具氛围感的教学情境，激发了学生的学习主动性和参与性，在诵读诗歌、鉴赏诗歌的学习过程中引导学生感受丰富的人生哲理，引发学生对自然、社会、人生的关注和思考。

案例二： How much are these socks ?

河池市巴马瑶族自治县第一初级中学 韦塔

案例背景：本案例选自人教版《义务教育教科书 英语七年级 上册》第七单元，授课内容是学习衣服的基本常用单词以及掌握询问价格的句型结构，在此之前，学生已掌握名词单数和复数的相关知识，本节课使用的多媒体环境为一对一的智慧课堂环境。

（一）预热和导入

教师播放关于“双十一”的对话视频，创设购物的情境，引出主题，并邀请学生分享参与购物的过程，与学生分享“双十一”购物的经验，在这个过程中要完成四个任务。教师将全班同学分为四组，并告知学生任务的规则。

（二）任务一：认识衣物

1. 呈现衣物的图片，帮助学生根据图片记忆单词：T–shirt，skirt，sweater，trousers，shorts，socks，shoes。

2. 教读生词并展示板书，每个单词学生跟读3遍，并注意检查学生的发音。

3. 引导学生区分出其中的单数名词（T–shirt，skirt，sweater）和复数名词（trousers，shorts，socks，shoes），反复诵读以巩固生词。

4. 教师播放视频《Fashion Show》，给最快读出衣物单词的学生奖励五角星。

5. 教师借助 ForClass 智慧课堂系统发放交互式测验题目，学生利用平板电脑将单词拖动到正确的位置。教师查看学生的做题情况。教师在讲解测验题时，投屏个别学生的答题情况在大屏幕上，让每个学生都能清晰地进行对比。

（三）谈价格

1. 教师展示人民币和美元的图片后，教读生词 dollar，区分“美元”和“元”。

2. 创设情境并呈现句型：How much is/are... ？ It’s_____ yuan/dollars. 或者 They are ____ yuan/dollars。

3. 让学生与自己的小伙伴进行对话表演，进行询问衣服价格的练习，并让学生养成合理购买衣物的消费观念，为第二个任务“听力练习”做好准备。

（四）任务二：听力练习

利用“八桂教学通”平台的同步教材资源，播放两段听力。在第一段听力中，学生听完后在平板电脑上勾选正确的衣物单词，在第二段听力中，学生听完后在平板电脑上勾选正确的价格。教师通过平台检查每个小组的答案和评分。

（五）任务三：购物用语

教师播放一段购物的情境对话视频，学生通过观看真实的购物情境，学习购物用语并在两人之间进行模拟对话，让学生在观看视频的过程中训练听、说、读的能力。接着请学生分角色扮演，分饰导购员和顾客给视频配音，并让其他学生给出评价。

（六）任务四：角色扮演

在购物用语的练习后，教师组织学生以小组为单位进行自主创作和表演，分角色展示购物对话，并请其他学生进行评价。以前面的情境创设为参考，自主创新，将购物用语运用到日常生活中，学以致用。

（七）课堂总结

教师让学生用思维导图总结本节课关于购物的知识内容，并用平板电脑拍照上传，然后全班同学一起回顾和朗读本课的生词和句子，教师给表现优秀的小组学生以适当的奖励。

【案例分析】

本案例中，教师根据教学目标以及学生的认知水平，合理运用平台中的数字化资源开展教学活动，给学生营造了一个真切、生动的教学情境，提高了学生的学习兴趣。另外，教师利用一对一环境的技术手段，让学习效果更加具象化、精准化和高效化，使得教师在课堂组织上愈加轻松，可以把更多时间花在个别指导或针对性指导上，从而精准实现“教—学—评”一体化。

第二节　探究教学应用模式

通过上一节的学习，相信大家都感受到了数字教材在情境化教学中发挥的强大作用了吧！其实数字教材不仅能在情境化教学中发挥巨大作用，在探究教学中也是如此。下面我们将带领大家一起来学习数字教材支持下的探究教学，看看数字教材在探究教学中究竟起着什么样的作用，它又是如何支持探究教学的。

一、探究教学的分类

探究教学，依据不同的维度可分为不同的类型，从学生对学习资料的获取角度可以将探究教学分为：1. 接受式探究教学；2. 发现式探究教学。如表 4.2.1 所示。

表 4.2.1　探究教学类型

区别	接受式探究教学	发现式探究教学
表现特征	学生主动从现有资料或现有资源中直接搜集或直接向有关人士询问来完成探究任务，所搜集的信息是已经存在但是学生尚未知晓的，其过程是教师引导学生根据任务将所需的知识点进行搜集、加工、整理来获取可接收的直接知识	所要研究的主题一般都是有规律性的、发现式的，没有现成信息可以直接搜集到，必须通过学生自主、独立地发现问题，进行观察、实验、操作、调查、信息搜集与处理、表达与交流等探究活动，从而获得知识、技能，发展情感与态度，特别是发展探究精神和创新能力
特点	主题确定，以教材为中心，可以有效地落实基础知识目标，学习的过程是自主开放的	以学生的已有经验为基础。探究任务、方法灵活多样
	学生对主题本身的分析或展示，均可成为学生探究的成果，探究结果往往是已经存在或教师知晓的，是一种较好的探究式学习与接受式学习的融合方式	发现式探究结果不是唯一的，甚至答案本身没有优劣之分。通过发现式探究活动，学生可以获得对身边世界的理解，而且这些理解是学生自己主动构建起来的，会形成难以磨灭的印象

续表

区别	接受式探究教学	发现式探究教学
特点	教学设计方便、高效，在有限的课堂教学中能够快速地达成教学目标	可以培养学生的科学思维能力、解决问题能力、合作与交流能力，培养科学的精神与态度，初步体验科学的研究方法和流程

根据探究环境的不同，可将探究教学分为：1. 一般环境下的探究教学；2. 一对一环境下的探究教学；3. 网络环境下的探究教学。

根据得到探究答案的不同途径，可将探究教学分为：1. 实验类探究教学；2. 调查类探究教学；3. 观察类探究教学。

根据探究内容的不同，可将探究教学分为：1. 理论类探究教学；2. 实践类探究教学。

二、探究教学的环节

探究教学的环节如图 4.2.1 所示。

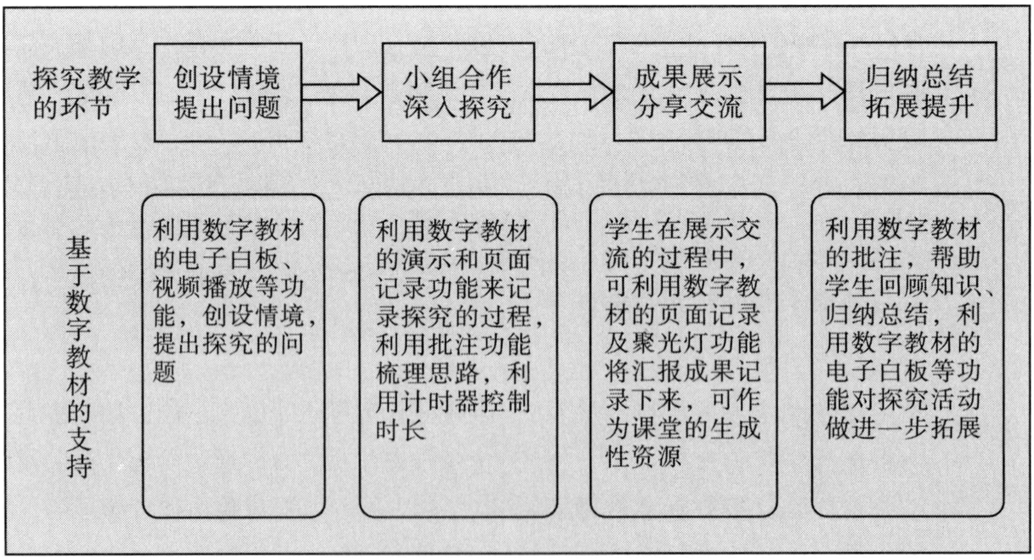

图 4.2.1 探究教学的环节

三、探究问题的确定

探究教学的核心是问题，学习活动是围绕问题展开的。探究教学的出发点是设定需要解答的问题，这也是进一步探究的起点。从教学的角度讲，教师需要根据教学目标和内容精心考量，提出难度适中、逻辑合理的问题。当然，教师也应该引导学生自己去发现问题，让学生自主学习，那是更高层次的要求。

在确定探究问题时，不仅需要调动学生探究的积极性，更需要把现实生活中的具体问题作为探究的对象，让学生产生所学即所用的实际感受。教师通过收集现实生活以及教材中提供的素材，为学生创设模拟的场景。常见的探究问题主要有以下几类：调查类、实验类、资料梳理类、设计类、观察类、体验类等。学生在教师提供的情境中，感受现象，进而主动思考问题，以达到融入课堂学习的目的。数字教材为问题的情境创设提供了便利条件，其具备的内嵌资源、聚光灯、画笔以及学科工具等，有效支持了相关教学效果的实现。

四、数字教材对设计探究过程的支持

探究过程的设计是探究教学的关键步骤，教师首先要帮助学生拟订合理的探究计划，选择恰当的方法。同时，教师还要提供一定的实验条件或必要的资料，让学生自己动手去查阅或者实验，来提出假设，寻求问题的答案。这时，教师起到一个组织者的角色，指导、规范学生的探究过程。这个过程可以是学生独立完成，也可以是学生分组合作完成，在这期间要注意培养学生的团队合作精神。

一般情况下，探究过程分为：合作探究过程与自主探究过程。

（一）合作探究过程

学生在教师的引导下组织合作团队开展合作探究学习，通过合理的任务分工高效探寻解决问题的办法，合作解决问题。

其过程为：组成合作小组——明确合作任务——制订解决问题的方案——合作解决问题。

数字教材的支持：教师可利用数字教材已有的资源，通过播放视频等方式，创设情境，展开课题。学生通过分组合作完成探究任务后，由各组组长利用数字教材平台进行展示汇报，最后教师使用电子黑板的批注功能进行及时点评。

（二）自主探究过程

学生在教师的引导下发挥自身的主观能动性，调动各种感觉器官，如动手、动眼、动口、动脑，主动地去获取知识，以寻求问题的解决路径。

数字教材的支持：教师可利用数字教材的基本功能及学科工具，和学生一起探究所提出的问题。教师进行现场指导，将自主探究逐步深化，最后由教师通过投屏功能向学生展示问题探究的过程，并利用教师端的屏幕录制功能进行录制保存。

【案例示范】

案例一： **藻类、苔藓和蕨类植物**

桂林市宝贤中学　黎华

案例背景：本课选自人教版《义务教育教科书　生物学七年级　上册》第三单元的第一章第一节，本节课的学习目标是让学生知道藻类、苔藓和蕨类植物的主要特征，以及藻类、苔藓和蕨类植物与人类生活的关系，在课前教师布置了教学任务，即采集校园中的植物标本。

（一）情境导入，引出课题

教师播放桂林山水的视频，学生观看视频，领略桂林山水之美，为家乡的美景感到自豪。接着教师提问在桂林山水中都看到了哪些绿色植物，校园中的植物有什么特点，如何分类等。通过学生分享生活经验，教师将教材知识与学生的生活实际联系起来，使学习内容生活化，降低学习难度。

（二）合作探究

教师对学生进行分组，组织小组成员结合教材相应的内容对采集到的植物标本进行分类，并填写记录表。教师对学生进行观察指导，让学生看一看、量一量、动一动，关注每个小组的学习进展，并针对小组遇到的问题进行指导。

在组内学生进行优势互补的同时，让学生学会用表格的形式对比、归纳和总结知识。

（三）展示交流

将学生的学习成果进行拍照，并扫描“八桂教学通”平台的二维码将手机与平台连接，将照片投屏展示，小组成员上台介绍学习成果，其他小组提出疑问或发表自己的观点。教师及时对积极上台的小组及发言学生进行表扬和肯定，并记录展示过程中存在的学习问题。投屏展示小组的学习成果，增加了小组之间的互动交流，可及时对学生的学习过程和学习成果进行评价反馈，这有助于增强学生的成就感，提升学习热情。

（四）点拨提升

借助“八桂教学通”平台上传的资源、画笔和聚光灯的功能，对数字教材的知识内容进行点拨提升，形成结构与功能相适应、生物与环境相适应的生物学观点，将具体知识上升到理论观点，树立爱护植物的意识，深化情感态度与价值观。

（五）课堂小结

教师在总结本节课的主要内容时，让学生表达和交流自己的收获，并检验学生的学习效果。

（六）练习设计

在数字教材中点击提前导入的习题，让学生进行复习巩固。展示第四类植物，并让学生将其与藻类、苔藓和蕨类植物的形态结构进行比较，引导学生继续开展课外探究，为下一节种子植物的学习打下基础。

【案例分析】

在本案例中，教师借助“八桂教学通”平台的资源，以及投屏和批注等功能开展教学活动，让学生能够更加直观地认识藻类、苔藓和蕨类这三类植物，这种方式增强了师生之间的互动。学生通过小组的合作探究、展示交流，加深了对这三类植物的理解，在该环节中学生的积极性被充分调动起来，为后面的点拨提升做了铺垫，教师还把课堂探究中没有解决的问题和产生的新问题延伸到课外，让学生在不断动手探究中发现问题并解决问题。该教学模式对于各学科而言具有一定的普适性。

案例二：分子和原子

贺州市平桂区民族学校　李红英

案例背景：本课选自人教版《义务教育教科书 化学九年级 上册》第三单元的课题1。本节课是学生在学习了物理变化、化学变化、纯净物、混合物的基础上，从宏观物质世界跨进神奇的微观世界的第一课，旨在了解物质是由分子、原子等微观粒子构成，认识分子的性质，并能用微粒的观点解释一些生活现象。

（一）巧设情境，引入新课

教师通过播放世界上“最小”的电影《一个男孩和他的原子》导入新课，让学生猜猜这部电影是在什么视角下拍摄的，使学生能够快速进入微观世界的情境中，激发探究欲望。

（二）走进微观世界

在“八桂教学通”平台上，利用思维导图向学生展示常见物质的微观粒子，如苯分子、硅原子、氯离子和钠离子，并通过数字教材重点介绍和展示硅原子构成的世界上最小的汉字“中国”，体现我国科技的进步。通过以上介绍，学生认识到微观粒子是真实存在的，并且很小。

（三）小分子，大世界

利用聚光灯功能向学生展示一滴水有多少个水分子以及一个水分子的质量，让学生体会到分子的质量和体积都很小。引导学生继续探究分子的其他性质。

（四）我运动，我快乐

1. 播放酚酞知识小视频，激发学生的探究热情，请学生嗅一嗅浓氨水的气味，并向学生介绍浓氨水，为后续实验埋下伏笔。

2. 教师操作演示。教师取出用酚酞浸泡晾干的白色玫瑰花，用大烧杯将盛有浓氨水的小烧杯和白玫瑰罩住，白玫瑰花变成了红色。利用“八桂教学通”平台的移动授课功能，将实验的过程投影到大屏幕上，学生观察和记录实验现象后，教师引导学生分小组讨论该实验的优化方案。

3. 以小组为单位，利用“幸运大转盘”抽选小组代表上台展示实验方案，教师和全班同学一起对实验方案进行改进和创新，借助“八桂教学通”平台，及时将实验现象投屏至屏幕。学生通过探究实验，了解分子是在不断运动的。进一步引导学生开展实验探究影响分子运动的因素，得出分子的第二个性质：分子在不断运动，温度越高，分子的运动速度越快。

（五）间隔产生美

播放 50ml 酒精和 50ml 水混合的视频，混合后总体积小于 100ml。学生纷纷提出猜想，最后教师播放酒精和水混合的动画视频，揭示分子间有间隔。有学生质疑：不同状态下的分子之间的间隔是否相同？为了验证猜想，学生代表上台用注射器分别推动水和空气，教师再播放氧气在三种状态下分子间隔的模拟动画，得出结论：在通常情况下，气体分子间的间隔大于液体和固体分子间的间隔。

（六）总结拓展

向学生展示本节课知识内容的思维导图，为解释生活中的物理现象做好铺垫。呈现图片，解释生活中的物理现象，例如人为什么能嗅到花香？湿衣服为什么能晾干？为什么把变瘪的乒乓球放到热水中就能恢复原样？

（七）趣味练习

在课堂尾声，教师通过设置判断对错的趣味课堂活动与反馈题目检测学习效果，让学生体会到化学来源于生活又服务于生活。

【案例分析】

在本案例中，教师对本节课的教学目标进行了分解，精心设置不同挑战性的任务和不同难度的内容，并结合化学学科的教学特征，针对学生的高阶认知发展需求有层次地展开探究内容，使学生在科学学习的过程中感受微观世界，获取微观粒子与生活现象的经验认识，提高了学生的科学探究能力和自我效能感。在“八桂教学通”平台的支持下，教师灵活运用数字化资源为学生创设有意义的教学情境，借助投屏功能让学生更直观地观察实验过程，使用思维导图功能帮助学生梳理知识内容，使探究活动得以顺利开展。

第三节　合作学习应用模式

刘老师是一名数学老师，平时在课堂上以讲授为主，课堂氛围沉闷。在听取经验丰富的教师的建议后，她尝试转变教学方式，设计了自主探究、合作学习等形式的教学环节。于是，课堂氛围变得活跃起来，但在区里统考中，班上学生的成绩都不太理想。百思不得其解的刘老师在研讨会上道出了自己的困惑，其他老师也对此发表了不同的看法。对此，请说说你的看法。

很多时候课堂气氛沉闷，学生的学习积极性不高，没有人举手回答问题，大多都是缺乏互动导致的。为了提高学生的学习积极性和团队合作能力，开展合作学习是必要的。而长期以来课堂教学沿袭满堂灌、满堂问的教学模式，使学生的学习变成了一种在外力强制下的被动行为、他控行为。学生常常在盲目、“无我”的状态下进行学习，很少能进行自主的学习活动。通过小组合作学习，学生可以认识到要想使自己在学习上有所收获，必须做到小组成员之间的相互帮助、取长补短和虚心进取。

《基础教育课程改革纲要（试行）》提出了转变学生学习方式的任务，提倡自主、合作、探究的学习方式。合作学习在教学中发挥着小组的作用，使学生共同开展学习活动，最大限度地促进共同学习。相较于传统学习，合作学习有利于在互动中提高学习效率，培养合作意识和团队精神，这已经成为促进学生发展的重要教学手段。

合作学习是一种通过小组或团队的形式组织学生进行学习的一种策略。小组成员的协同工作是实现班级学习目标的有机组成部分。小组协作活动中的个体可以将自己在学习过程中探索、发现的信息和学习材料共享给小组中的其他成员，甚至可以与其他组或全班同学共享。

一、合作学习

合作学习在现在的课堂中应用得越来越多，但要想真正培养学生合作、探究的能力，激发学生学习的积极性和主动性而不流于形式，就必须要进行有效的课堂分组。

合作学习，可以理解为教师根据课堂教学的需要，在分析教材、了解学情的基础上，结合场地器材，有针对性、有目的地将学生分成多个小组进行教学。分组教学有合作分组、随机分组、同质分组等多种形式，教师在课堂教学中采用何种形式不是固定不变的，要结合教材的特点与学生的具体情况进行合理的选择。无论是哪一种分组，都必须能调动学生练习的积极性，发挥分组的有效性，从而促进学生的学习。

分组的类型有如下几种：

同水平分组：在以体能为主的项目中，最好采用同水平分组，便于场地布置、人员组织。在各种跑的练习中，同水平分组还能增加竞争的激烈性。

合作分组：在技术类项目的学习中，最好采用合作分组，将基础较好的学生与基础较差的学生组合在一起，这样不仅能有效地调动基础好的学生在练习中的积极性，更重要的是能让基础差的学生获得更多帮助。

自然分组：根据体育课的固定队形或简单的报数方法，将全班同学分成若干个小组进行练习或比赛。此法简单、快捷，适用于一些竞争性不强的集体活动或游戏。

同质分组：将体能和技能大致相同的学生分在同一个组进行练习或竞赛。比如在跳高课上，让学生根据自己的跳跃能力选择不同的高度进行分组练习；在短跑课上，将速度差不多的学生分在同一组进行练习。此法能培养学生的竞争意识，提高练习效果。

异质分组：教师将强队和弱队进行均衡，使分组后同一组内的学生体能和技能均存在差异，但各组之间的整体实力差不多。例如在接力跑比赛前，教师根据跑步速度将学生合理地分在各个小组里。此法具有一定的公平性，适用于小组间的竞赛活动。

帮教型分组：组织部分学生对其他学生进行帮助，如广播体操、武术套路练习等。此法多应用于动作难度较大的新授课内容，其教学效果要比教师一个人对众多学生进行指导要好得多。

伙伴型分组：让学生自由选择与自己关系较好的同学在一起进行练习或比

赛。此法可以提高学生的学习热情，使他们能较快地掌握技术要领。

在教学实践中，我们可以发现分组教学有如下几个优点：第一，能充分调动学生的学习积极性，增强学生的合作与竞争意识，促进学生的整体发展；第二，既能培养学生独立思考的良好习惯，又能培养学生团结互助的团队精神；第三，有利于教师实现因材施教，开展分层次的教学，促进教与学的和谐发展；第四，有利于学生的全面发展，提高学生的综合能力，同时有利于新课标的实施，符合新课改的精神。

分组教学要注意以下几个方面：

1. 应全面了解自己的学生。对教学对象的了解程度如何，是分组教学是否有效的关键。进行分组教学，必须对学生的身体形态、知识基础、心理素质以及性格、爱好、个性特点等进行了解。

2. 分组教学对于在学习上不够积极主动的学生来说无疑是一种挑战，这些学生可能因不适应这种教学方法而加大了两极分化，因此教师要注意调控，或根据学生的学习风格适时为他们做出调整，尽可能地缩小学生之间的差距。

3. 在分组教学中，教师如何对分组教学活动进行评价是一个十分重要的问题。教师可以对小组的学习成果进行评价，对小组的创新点、亮点进行评价，也可以对小组的合作进行评价等。

二、合作学习应用模式的环节

在教学实践中，合作学习应用模式的一般环节如图 4.3.1 所示。

合作学习应用模式可以分为五个阶段：（1）设计合作学习任务。教师在备课或课堂教学过程中，根据教材内容，设计合作学习任务。（2）组建合作学习团队。教师根据任务性质，在遵循差异性、公平性、交互性、协作性、目标性等原则的基础上进行分组。（3）开展合作学习。小组在教师引导下，在明确学习任务、制定学习目标、划分学习任务序列、综合使用协同策略的前提下开展合作学习，在合作学习的过程中通过不断地讨论交流，分享学习经验、进行自我改进等。（4）进行学习评价。从自主学习能力、对协同集体所做的共享、完成对所学知识的意义建构三方面对合作学习的效果进行评价。（5）总结。教师对合作学习

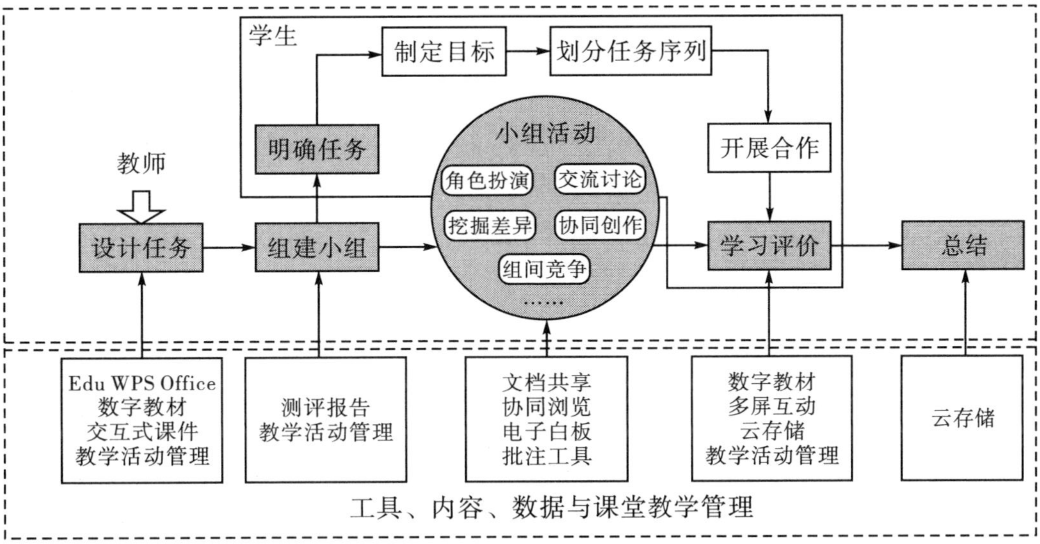

图 4.3.1　合作学习应用模式图

的情况进行总结，并对合作学习中存在的问题进行针对性的讲解。

三、数字教材对合作学习的支持

合作学习可以促进学生在小组中的互助合作，达成共同的学习目标，并可以小组总体成绩作为奖励依据。基于数字教材的智慧课堂应用环境可以为小组讨论过程的监控与管理提供数据、工具、资源与平台支撑。教师在设计合作学习任务时，不再以书本作为获取知识的唯一途径，学生可以在应用环境中实时搜索访问网络资源。应用支撑系统中的文档共享、桌面共享、协同浏览等功能可以为小组成员提供一个共享资源的空间，组间成员可通过输入各自的观点，快速整合小组观点并生成讨论结果，教师可通过教师端即时了解每个小组讨论的进度和小组成员遇到的问题，为学生提供适时的指导，促进合作学习的顺利开展。多屏互动以及课堂测评功能可以更加高效地汇集小组成果，实现对不同小组作品的评价和反馈。这样的模式增强了学生的合作与竞争意识，让学生共享集体智慧，最大程度地提高学生的学习效果。

【案例示范】

案例一：认识几分之一

南宁市桂雅路小学　韦咏妍

案例背景：《认识几分之一》出自人教版《义务教育教科书 数学三年级 上册》教材中第八单元的第一课，由平均分引入分数，主要借助课件动画操作、建立实物模型（如月饼模型等）、数形结合等方式，帮助学生从部分到整体的角度直观地认识分数，对分数有初步的认识，为本单元后续学习分数的大小比较、简单计算等做铺垫。

一、创设情境，初步感知

通过“八桂教学通”平台上对应的动画引入，在整数的基础上进行展开，平均分实物，由平均分引入分数，对分数有初步认识。具体情境由2名学生先后分4个苹果、2个苹果、1个苹果，让学生从整数的认知过渡到分数的认识，从部分到整体的角度直观地感知分数的含义，再引出2个小朋友平均分月饼的问题，基于学生已有的生活经验——每人得到“半块”，在如何表示“半块”的过程中引出分数这一课题，使学生对分数有一个初步的感知。

二、引导交流，揭示本质

1.“以形助数”。利用实物模型（圆形、正方形、长方形等）开展小组合作学习，让学生在沟通交流中理解“二分之一”的含义。

第一步，课件演示：把一块月饼平均分成2份，每份是这块月饼的一半，也就是它的二分之一，写作$\frac{1}{2}$。请学生用$\frac{1}{2}$来说说分月饼的事。学生通过复述，重复分数概念的基本要素。

第二步，引入切西瓜的情境，加深学生对“只有平均分才能产生分数”的理解。课件演示：切西瓜比赛。小黄人切一个西瓜，兔子也切一个西瓜，他们都只能得到西瓜的一半，小黄人平均切西瓜，兔子没有平均切西瓜。学生认识到只有平均分成2份，才会得到西瓜的$\frac{1}{2}$。

2.“以数解形”。学生以合作学习的方式，利用刚学会的知识，用实物模型表示“二分之一”，创造“二分之一”，从而加深学生对分数的认识，最后抽象出分数的数学符号。

首先，教师让学生借助模型（也就是图形）独立创造出“二分之一”，然后把创造出的“二分之一”贴在黑板上，比较发现不同图形的“二分之一”的相同点，学生通过小组合作学习进行不同图形的“二分之一”的对比。在合作学习的展示环节中，小组成员之间互相帮助，取长补短，体会分数的含义，认识到只有平均分才能得到它的几分之一，最终概括归纳得出“二分之一”的具体含义。此处要重点引导学生讨论相关问题，比较不同图形之间的二分之一，如：

（1）对于不同的图形，我们可以利用什么方法分别得到它们的二分之一？（对折）

（2）为什么要把图形对折呢？（只有对折才能得到平均分）

（3）折法不同，折的图形也不同，可是最后都得到了二分之一，为什么呢？

通过层层递进的讨论，学生最终概括得出二分之一的具体含义，从而突破了教学难点。

三、自主探究，感悟分数

在此环节中，学生将自主探究其他的几分之一。学生先独立填写课本的相关内容后，借助面积模型，联系前面学习的二分之一的具体例子，利用知识的迁移进行自学，学会表示出物体或图形的三分之一、四分之一、五分之一，认识到这些分数都表示把物体或图形平均分成几份，进而加深对分数的认识。最后，师生共同总结分数的含义，并规范书写分数的方法。

在这个过程中，教师使用了“八桂教学通”平台上的画笔功能，学生直接在平台上对应的教材位置写上答案，进行实时评价，并利用荧光笔功能，对关键信息进行批注。

四、练习巩固，深化认知

“双减”政策下，为减轻学生的课业负担，提高课堂效率，把作业融入课堂，教师设计了以“小黄人到彩虹闯关城闯关”为内容的教学情境，让学生在游戏中体验和感知分数，应用新知，解决问题。

在第一关的打地鼠游戏中，题目对应的是课本内容。学生先判断图形表示的分数，再通过数字教材页面的展示，进行规范书写。

第二关中的“分一分”环节，主要考查学生对分数含义的理解，强化对分数含义中的“平均分”的理解。利用“八桂教学通”平台自带的题目进行对错判断，实现实时交互。

第三关中的板报布局对应的是课本内容，通过比较各栏目占黑板报的几分之一，为学生提供变式练习，深化对几分之一的认识。学生在理解题意、独立思考后，可以使用“八桂教学通”平台上的聚光灯功能，直观感受各栏目占黑板报的几分之一。

五、课堂总结，内化升华

学生对整节课程内容进行整理和归纳。

【案例分析】

在本案例中，教师通过让学生进行合作学习、利用具体的教具等方式，让学生理解数字的含义，同时又反过来“以数解形”，加深学生对分数的理解。此外，在练习巩固的部分，结合游戏化教学的思想，通过游戏的趣味性与竞争性，让学生在快乐的氛围中深化对知识的理解。在教学过程中，教师合理使用了数字化教学资源，提升了教学效果。

案例二：尊重他人

河池市巴马瑶族自治县第三初级中学　班彩旗

案例背景：《尊重他人》是人教版《义务教育教科书 道德与法治八年级 上册》第二单元第四课《社会生活讲道德》的第一课时，旨在引导学生理解尊重的含义、掌握尊重他人的原因、学会尊重他人，帮助学生形成良好的行为品质，树立正确的人生观、世界观、价值观。本课与上一课的内容相呼应，也为下一课的学习做铺垫，共同构成了对学生进行道德教育的有机整体。本课所使用的多媒体环境是一对一智慧课堂教室。

一、情境导入，明确目标

1. 播放视频《外卖人员与应聘者的故事》，引导学生思考：你如何看待应聘者的行为？视频给你什么启示？

2. 切入主题，明确本节课的学习目标。

二、自主学习

自学导航，教师巡视指导，学生完成平板电脑上的导学案，进行自主学习，教师进行反馈。

三、探索新知

（一）尊重是交往的起点

1. 尊重的含义与表现是什么？

2. 为什么要尊重他人？

活动一：课堂小调查

结合自主学习的内容，总结出尊重的含义。

问题探究：什么是尊重？你如何理解？

师生共同总结：尊重的含义。

活动二：找一找（出示6幅图片）

请找出尊重他人的行为并在平板电脑上打钩。

问题探究：通过这个小练习，你收获了什么？

师生共同总结：尊重的含义。

引出问题：在实际生活中一定要养成尊重他人的好习惯，你知道为什么要尊重他人吗？

活动三：蹲下来，领悟尊重之美

播放视频《开学第一课》

问题探究：（小组讨论交流后展示）

（1）董卿这一举动为什么赢得网友的称赞？

（2）许渊冲爷爷面对董卿的举动会有什么感受？

师生共同总结：为什么要尊重他人？

（1）尊重他人是一个人内在修养的外在表现。

（2）每个人都是有尊严的个体，都希望得到他人和社会的尊重。受到他人的尊重能够增强自尊、自信，产生良好的心理体验。

活动四：探究与分享

播放：视频《扬正气促和谐》（转到互动课件，使用热区功能）

问题探究：（小组讨论交流后展示）

（1）为什么每个人对待红包都是拒绝的态度？

（2）你们从中得到什么启示？

师生共同总结：尊重使社会生活和谐融洽。尊重是维系良好人际关系的前提，是文明社会的重要特征。

（二）尊重从我做起

活动一：探究与分享

问题探究：如果你遇到类似的情境，你会怎么做？请说明理由。

师生共同总结：怎样尊重他人？

积极关注、重视他人。尊重他人，需要我们考虑他人的感受，认真对待他人，给予他人应有的、适当的关注。我们应该重视他人，对他人的疑惑给予细致耐心的解答，对他人的请求给予热情的帮助。

活动二：走进去，感受尊重之暖

播放视频《杭州最暖图书馆》

问题探究：（小组讨论交流后展示）

（1）从视频中你看到了什么？

（2）尊重他人需要我们在生活中怎么做？

师生共同总结：怎样尊重他人？

平等对待他人。我们每个人在人格和法律地位上都是平等的。平等待人要求我们发自内心地尊重他人人格，对所有的人一视同仁。在社会生活中，我们不能因家境、身体、智能、性别等方面而轻视、歧视他人。

通过平板电脑抢答的小游戏来巩固知识点。

活动三：演出来，体验尊重之光

情境表演：盲人提灯

问题探究：（采访体验者与观众）

（1）通过这次体验，你有什么感悟？

（2）观看了这个情境表演后，你们悟到了什么道理？

（3）在日常生活中我们应该怎样做？

师生共同总结：怎样尊重他人？

学会换位思考。要设身处地为他人着想，不把自己的意志强加给他人；应该将心比心，体会他人的感受，理解他人的难处，包容他人，像尊重自己一样尊重他人。

活动四：写出来，分享尊重之喜悦

活动过程：

（1）请大家在尊重他人的前提下，在纸条上写下你对班里一名同学的印象。

（2）写完后用平板电脑拍照上传。

（3）请同学分享感受。

问题探究：通过他们的分享，你得到什么启示？

师生共同总结：怎样尊重他人？

学会欣赏他人。“尺有所短，寸有所长。”我们要善于发现他人的潜质和特长，真诚地欣赏和赞美他人的优点和闪光点，给予他人积极的评价。让我们学会彼此欣赏，共同进步。

总结归纳：

怎样尊重他人？

（1）积极关注、重视他人。

（2）平等对待他人。

（3）学会换位思考。

（4）学会欣赏他人。

四、巩固练习，内化提升

借助智慧云平台进行课堂检测，学生在平板电脑上完成课堂检测，教师在教师端查看学生答题情况。

五、回顾小结，拓展延伸

运用思维导图来梳理本节课的知识，总结收获。

六、课后作业

1. 分组查找尊重他人的时政热点。

2. 分组收集尊重他人的典故。

【案例分析】

在本案例中，教师根据教学目标以及学生的认知水平等，运用小组合作学习的方式，合理分解教学任务开展教学，进行知识讲解。该案例除了注重学生的团队协作，还综合使用数字化资源、情景剧演绎等多种教学方式创设教学情境，让学生在具体情境中感受尊重他人的重要性和必要性。此外，教师还借助一对一环境下的交互式测评、拍照上传功能，发挥高效互动课堂的优势，有针对性地开展教学实践。

第四节　项目式教学应用模式

项目式教学（简称 PBL）是一种以学生为中心的教学方式。它有很多的优势，但并不是只要在教学中加入动手操作、小组讨论，或者是最后有一个可视的展示成果就可以被称为项目式学习。如果不能在学习过程中体现出主动获取知识、解决实际问题等技能的话，即使最终成果是一个项目，也不能称其为项目式学习。那么，PBL 在课堂中具体是什么样子的呢？下面让我们一起去看看吧。

PBL 有多种翻译，其中以“基于项目的学习（Project-Based Learning）”为典型。项目式教学源于杜威的实用主义理论，杜威反对传统的灌输和机械训练的教学方法，提倡从做中学，从实践中学习，强调个人发展。不同于传统教学方法，该教学法将教师“一言堂”改变为学生主动参与学习的模式，强调“以项目为主线、教师为引导、学生为主体”，主张利用现实生活中的实际问题创设真实的教学情境，让学生以小组合作探究的方式去解决真实复杂的问题。在对实际问题进行解决的过程中，教师根据不同学情和教学内容进行教学设计，学生以小组形式对项目任务分解、规划和实施，并借助各种学习工具和资源完成作品的设计和展示，自主进行知识的建构，进而逐步获得知识、技能与核心素养[①]。

一、项目式教学的特征

项目式教学发展至今，国内外研究者众多，涉及的领域广泛，一般认为项目式教学的特征有：在项目主题方面，项目的主题应与课程标准、生活实际、学生爱好及教学实际相结合；在探究活动方面，根据项目式教学的目标，设置驱动性的学生任务或问题，组织学生开展自主合作学习；在情境创设方面，立足于实际生活，在真实情境中呈现学习素材，创设适合探究的情境，激发学生学习的兴趣，吸引学生参与教学活动；在学习结果方面，学习成果以项目作品的形式呈现。

在我国，项目式教学是在教育改革背景下兴起的，项目式教学有着自身的优势和先进的一面，但其与传统教学也并非完全对立。在这里，为了让读者们清晰地辨认出项目式教学，有学者将传统教学与项目式教学进行比较，如表 4.4.1[②]所示。

表 4.4.1　传统教学与项目式教学的比较

教学方式	传统教学	项目式教学
教学内容	课本知识	取自教材，源于生活
教学目的	知识、技能、方法	发展思维、培养能力
教学中心	教师、教材	学生、活动
评价方式	结果性评价（考试为主）	评价方式多样

① 侯淑君．核心素养视角下项目式教学在高中有机化学教学中的应用研究［D］．延安大学，2022.

② 唐珊珊．初中物理项目式教学案例的开发与应用［D］．延安大学，2021.

续表

教学方式	传统教学	项目式教学
优点	☆ 效率高、易普及教育 ☆ 课程规划清晰严谨 ☆ 利于系统掌握知识 ☆ 课堂易掌控	☆ 学生主体地位得以体现 ☆ 重实践，强调在真实情境中学习 ☆ 分组合作探究，培养学生的自主学习能力和探究意识 ☆ 注重过程评价，评价方式多元
缺点	☆ 学生主体地位难以体现 ☆ 因材施教的个性教育难以实现 ☆ 难以培养学生的自主学习能力和探究意识 ☆ 评价方式单一	☆ 发展尚不成熟 ☆ 教学资源不足 ☆ 过程较长，教学进度难以保证 ☆ 适用范围有一定的局限性

从上表可知，项目式教学作为新型教学模式，相对于传统教学更加注重学生的主体地位，更重视学生的学习兴趣，能更好地将学习与生活实际相结合，也能够更好地培养学生解决问题的能力和探究的能力。

二、项目式教学设计的原则

（一）设计课程主题，确定项目目标

教师在开展项目式教学前，需先确定项目目标并了解项目学习中学生需要具备的知识和技能，甚至提供必要的“脚手架”，以帮助学生实现最终的项目目标。

项目式教学强调解决一些综合性强、有一定复杂性、学生能够对其进行拆解等的问题。高质量的驱动性问题能有效地组织和引导教学任务及教学活动，在这个过程中，学生可以学到解决问题的方法并将其运用到实际生活的情境中去。

项目主题明确具体，对于项目任务有清晰的解释，保证学生对项目任务有正确的认识，这是项目任务进行的前提。有明确目标、合理可行的项目主题是项目学习的良好开端。

（二）学习情境的设计

学习情境的设计旨在为学生营造一种学习氛围，且与学生的实际生活紧密联系，通过引导学生用已有的知识解释生活中出现的问题，从而提高学生解决实际问题的能力。应注意以下几点：

（1）根据制定的主题，让主题内容和学生的生活紧密联系，增强解决问题的实际意义。

（2）营造的学习环境必须能激起学生解决问题的欲望和动机，让学生努力地寻找解决问题的方案。

（3）让每个学生都参与到教学过程中，明确自己的角色及任务。

（4）在学习过程中明确学习目的，以及明白制作出来的成品有何作用。

（三）学习任务的设计

学习任务设计的好坏是决定主题课程完成程度的关键性因素，学习任务的设计应该采用分组的形式，而且还要分任务、分模块，以便学生可以循序渐进地发挥创意，进行多元思考。[①] 可以从以下几点考虑：

（1）采用螺旋式的结构将整个任务分割成小模块进行，明确指引学生如何去探索和获取知识、解决问题，教师需要提供必要的教学资源供学生学习。[②]

（2）项目任务不宜过难，否则学生容易依赖教师指导，主体地位难以体现；反之过于简单，学生不需要帮助就能很容易完成，这样就难以获得知识和技能的增长。因此，任务难度要适中。

（3）除了让学生以写文本或做简报的形式来呈现学习成果，最好能协助学生借助相机记录学习过程，并以这种形式将自己的学习过程分享给其他同学。

（四）以学生为中心，教师提供引导

在项目式教学中，教师作为引导者，只需要在学生思路出现问题或出现其

① 张红艳，谭婷．基于项目式教学模式的小学科学课程教学设计［J］．数字教育，2019（3）：79–84.

② 同①.

他困难时进行及时的指导，而非全权管理学生的每一步操作；只需要提供足够的资源让学生主动学习，而不是直接将知识传授给学生。只有这样才能让学生真正成为学习的主人，提升解决实际问题的能力。①

教师应精心准备和及时辅导。结合学生的学习需求，用学习流程图、思维导图等对学生进行指引。

三、项目式教学的一般过程

如图 4.4.1 所示，项目式教学的一般环节包括项目主题确定、项目任务计划、项目活动实施和交流评价反思四个环节。

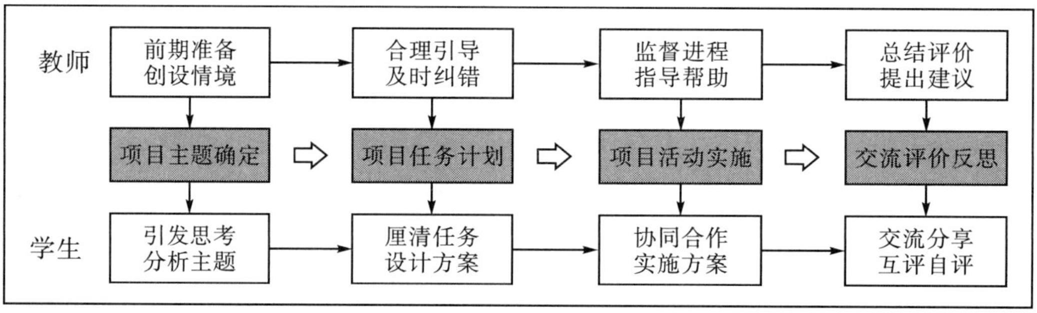

图 4.4.1　项目式教学应用模式图

（一）项目主题的确定

项目式教学是一种以学生为中心的教学方式。首先，项目主题的选择必须从学生的学习能力和学习需要出发，才能使教学设计更加具有针对性。其次，要考虑学生的兴趣，选择的项目要贴近学生的实际生活，从现实问题入手，激发学生的求知欲，提升学习的积极性。再次，项目的选择要依据课程标准的相关要求，体现学习的主体和目标，符合学生现有的学习水平。此外，教师还要对项目所需知识进行分析与整理，打破学科知识体系固有的界限，实现多学科知识的融合，从而培养学生的科学探究精神和求真务实的态度。

项目式教学要求教师对课前、课中及课后所涉及的教学活动进行系统、科

① 尹丹梅．面向计算思维培养的项目式教学活动设计与实践：以高中 Python 教学为例［D］．河北师范大学，2021.

学地设计，以充分调动学生自主学习的能动性，鼓励学生积极思考并解决问题。数字教材与智慧课堂应用支撑系统中内嵌的微课视频、课件、作业、讨论题目、阅读材料和测试题目等学科资源和工具，可以为教师的课前准备提供支持。

（二）项目任务计划

制订合理的项目计划是项目实施的重要保障，在此环节，小组成员通过讨论，初步提出项目实施方案，明确项目活动的时间安排和具体任务。项目计划应包含解决项目问题以及项目子问题的方案和计划，项目计划要详细周密，对于项目方案的实施结果也要有一定的预设，如成果呈现的形式、作品的规格等。数字教材中的分组讨论、计时器等功能可为此环节提供必要的支持。

（三）项目活动实施

此环节是整个教学过程的重要环节，项目任务计划中涉及的问题将在此环节被一一解决。学生是活动实施的主角，需要通过查阅资料、网上搜集或是课下实地调研等手段解决问题，并在实施的过程中发现计划中可能存在的问题和变故，适时做出调整。这也是最考验学生应变能力和解决问题能力等综合能力的环节。

在此环节，教师应发挥监督指导的作用。一是对项目实施中遇到困难的学生进行指导，对难以进行的项目计划做出纠正和调整，帮助学生完成项目活动。二是若项目过于复杂，在项目实施环节中可以组织一次小组汇报，检查学生的学习进度，分析实施情况，评估问题并及时纠正。

在项目实施中，教师需要根据学生的需求进行辅导与答疑，并及时进行提问，以掌握学生对于该项目内容的学习情况，此时教师可利用应用支撑系统实现课堂互动和学习内容的共享，如使用抢答、随机选人、交互性测验等课堂交互工具来推动课堂活动的开展，活跃课堂气氛，调动学生的积极性。

（四）项目成果评价

项目式教学和传统教学相比，最大的不同之处是项目式教学是将各小组制作的项目作品进行展示和交流，汇报展示的方式多种多样，例如 PPT 展示、口头汇报、班级展览等。汇报展示的内容主要包括项目作品的介绍、遇到的困难、解决问题的方法或学习体会等。

通过这种评价方式，得到其他小组和教师的反馈，小组可以对项目作品进行调整和完善。评价的方式可以采用自我评价、组间评价和教师评价相结合。

数字教材对项目式教学的支持表现在，教师可利用应用支撑系统的投屏软件、拍照上传等功能组织学生对项目成果进行同伴互评，使得项目成果的分享以一种更加高效的方式展开，提高学生的课堂参与度。

【案例示范】

案例一：**流动的颜色**

百色市右江区龙景第二小学　韦柳慧

案例背景：《流动的颜色》出自人教版《义务教育教科书 美术二年级 上册》的第一课，本节课的主要目的在于感受色彩的美，观察色彩的组合变化，并运用滴、吹、流等方法，发挥想象力，创作出一幅有趣的绘画作品。

（一）实验导入，揭示课题

导入小实验，让学生观察纸巾接触到红、黄、蓝颜料后的颜色变化，激发学生的好奇心。引出本节课的主题《流动的颜色》。

（二）体验一：认识三原色

引导学生认识红红、黄黄和蓝蓝三个好朋友，再通过提问，让学生自主探究这三种颜色两两相融后会产生什么颜色，从而得出三间色：橙、绿、紫。

（三）体验二：学习滴、吹、流三种技法

引导学生欣赏画作，仔细观察这几幅画和平时见的画的不同，教师播放视频并示范滴、吹、流的技法。

（四）体验三：欣赏画作，启发联想

引导学生观看视频，欣赏同龄小伙伴的作品，探究并总结添画的三种方法。请学生上台完成数字教材中的添画小游戏，从而巩固新知。

（五）自主创新，合作探究

创设情境：红红、黄黄和蓝蓝三个小朋友给我们发来了一封求助信，请同学们帮助它们创作一幅大自然的画。以此激发学生的爱心和积极性。学生在先前学到的知识的基础上动手尝试，教师进行指导。

（六）作品展示和评价

学生上台进行作品分享，采用自评、互评和师评的方式进行评价，提高学生的审美和表达能力，培养学生的自信心。

（七）课堂小结，拓展延伸

教师播放湿拓画的视频，让学生感受湿拓画中色彩的流动，水和颜料碰撞出的美丽画面，从而体验和探索趣味无穷的色彩奥秘。

【案例分析】

该教学案例采用“观察—尝试—创造”的教学策略。首先让学生通过观察色彩的组合变化，发现色彩的流动之美。然后，引导学生尝试用滴、吹、流等方法感受色彩变化之美，从而让学生对色彩奥秘产生浓厚的学习兴趣。最后让学生发挥自己的想象，运用已掌握的本领，完成作品的创作。

案例二： **跟着诗歌去旅行**

烟台黄渤海新区第四初级中学 张秀凤

案例背景：本案例选自统编版《义务教育教科书 语文七年级 下册》第五单元第四课，学习内容为古代诗歌五首，重点学习托物言志的手法，运用生动形象的语言写景状物，寄寓自己的情思，抒发对社会、人生的感悟。本案例在一对一的智慧课堂环境下开展。

（一）项目任务计划

1. 准备研学锦囊

学生通过阅读智慧教学平台提供的学习资料，了解中国古典诗歌的国际地位、山水诗的中国地位及特点，通过阅读和讨论学习诗歌阅读与赏析的方法。

2. 准备文旅攻略

了解文旅路线：第一站，访北京幽州台（《登幽州台歌》发生地）；第二站，访山东泰安泰山（《望岳》发生地）；第三站，访浙江杭州飞来峰（《登飞来峰》

发生地）；第四站，访浙江绍兴山西村（《游山西村》发生地）；第五站，从北京到杭州，沿途感受“吟鞭东指即天涯”的旅途生活（《己亥杂诗》发生地）。

3. 分配文旅任务

文旅的每一站，各由一个小组牵头组织活动。活动内容包括导游说、诵诗韵、知背景、品诗意、论诗旨、唱诗歌六项具体任务，以小组为单位，组长根据组员的特长分配任务，带领组员共同完成六项具体任务。

任务1：导游说，围绕古诗查找相关资料，了解诗人生平及诗歌的创作背景。

任务2：诵诗韵，朗诵视频，听诵读，划分朗读节奏，标注重音，然后小组内各成员进行诵读比赛，根据提供的诵诗韵评价标准，选出最佳诗韵奖并在平台提交小组最佳诗韵奖名单。

任务3：知背景，小组合作，研读作者简介、写作背景及相关知识等，以讨论的形式推演诗人创作诗歌时的情感状态，向班级其他小组分享。

任务4：品诗意，首先结合注释了解诗歌大意，并在组内分享，然后运用诗歌赏析的方法，在小组内讨论诗歌的艺术手法，将诗歌翻译稿及赏析内容上传至平台。

任务5：论诗旨，小组成员观看诗歌赏析视频，通过小组讨论明确诗歌表达的思想感情，将诗歌主旨分析上传至平台。

任务6：唱诗歌，观看《教孩子唱学最美古诗词：陈子昂〈登幽州台歌〉》《经典咏流传》等视频，在理解的基础上进行诗词传唱，加强理解，将自己的诗词传唱音频或视频上传至平台。

（二）项目导入

1. 出示任务情境

在本次课程中，我们将采用项目式学习的模式，以跟着诗歌去旅行的方式，感受古代诗歌的意境与古代诗人的情志，并形成各具特色的学习成果。

2. 项目说明

了解项目目标、作品产出要求、活动实施建议等，并完成小组组建，引导学生在合作探究中完成项目任务。

（三）项目实施

学生分小组开展项目，教师对小组进行监督和指导，利用应用支撑系统实现课堂互动和学习内容的共享，借助课堂交互工具推动课堂活动的开展。

（四）学习评估

1. 项目活动自我评价。项目教学结束后，向每个学生发放活动评价量表，完成项目活动的自我评价。

2. 项目活动报告。通过本次项目活动，请谈谈你的收获和感悟，并将项目活动报告上传到平台。

【案例分析】

该教学案例利用智慧教学平台提供的优质资源，创设了真实有趣的学习情境，将单向的知识传授转变为沉浸式、探究式的学习，激发了学生学习古诗的热情，培养了学生鉴赏古诗的能力。同时，该项目式教学采用分组合作的学习方式，通过多样、多元、关注个体差异的项目任务，发挥了学生学习的主体地位，培养了学生的创新思维和创新能力。

第五节　游戏化教学应用模式

一般来说，学生参与度不高的情况大多数集中在节假日返校之后，尤其在寒暑假结束后，因为学生仍沉浸在游玩的状态里而无法收心，因此开学后还不能快速适应过来，导致学习积极性不高。不仅如此，当一堂课仅仅采取“教师讲、学生听”的单一模式，一些自制力不强的学生便会懈怠走神。假如你遇到了此类情况，你会如何应对?

人们往往认为游戏不利于学习，在课堂教学中也不敢引入游戏作为教学手段。事实上，游戏化教学具有生活化的本质，可为学生营造宽松、有趣的学习氛围。游戏化教学，一方面可以寓教于乐，将教育内容与游戏要素进行有机融合，从而增加课堂的趣味性。另一方面，利用游戏的竞争性和挑战性，可以实现有意义的学习，激发学习动机，提高学习效率。课堂教学游戏化，可以使教师更加关注学生的本性和教学情境，更加注重教学形式的多样化和整合性。为适应未来教育发展的新趋势，教师应主动提高专业素养和能力，在智慧教学环境中设计并开展以学生为中心的游戏化教学活动，践行寓教于乐的理念，激发学生的学习兴趣，从而提高课堂教学效果。

一、游戏化教学的形式

游戏为什么会吸引我们呢？游戏的娱乐形式，能让人感到轻松和快乐；竞技性质的游戏具有竞争性和挑战性，能激发人的参与性；游戏中设定的规则和目标，能让人在游戏的反馈和阶段性成果中获得自我满足感；在游戏中也可以组成共同体，促进人与人之间的交流和合作。从活动形式来看，游戏化教学可以有多种类型。

1. 生活化游戏教学。以贴近学生实际生活的故事为导引，围绕教学内容，设计生活化游戏教学方案，如通过扮演游戏角色，让学生在生活场景中进行游戏体验，达到学以致用。

2. 技能竞赛式游戏教学。教师可设计与教学内容相关的技能竞赛游戏方案，充分调动学生学习的积极性，保证每一名学生都能参与到紧张的竞赛活动中，但要注意合理控制技能竞赛活动的难度。

3. 探究式游戏教学。利用学生的好奇心与求知欲，紧密围绕教学内容，设计探究式游戏引导的学习方案，让学生带着问题参与游戏，思考和讨论，增加教学的新奇与创意。

4. 训练式游戏教学。口语、书写、阅读等技能训练的课程内容需要学生通过实践操练才能提高学习效果，教师可以设计相应的训练式游戏教学方案，并在游戏过程中观察指导学生，锻炼学生的动手操作能力，提升学习效率。

二、游戏化教学应用模式的环节

游戏化教学应用模式的一般流程如图 4.5.1 所示。

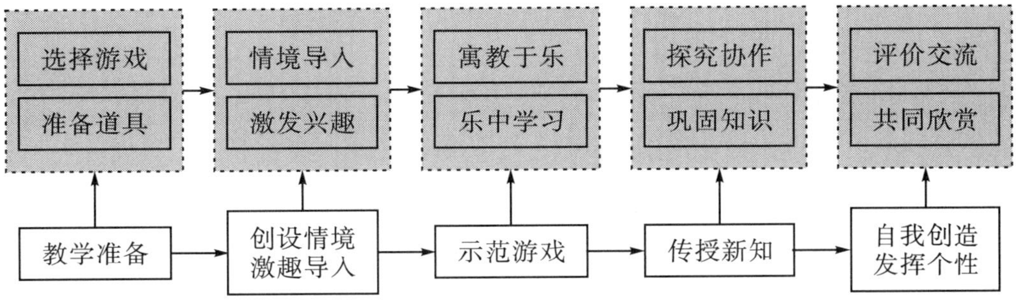

图 4.5.1　游戏化教学应用模式图

1. 教学准备

教师选择一款深受学生喜爱的游戏，注意选择的游戏要能与教学内容有一定的相关性，并准备相关道具。

2. 创设情境，激趣导入

创建与游戏相对应的教学情境。苏霍姆林斯基认为，世界通过游戏展现在孩子面前，人的创造才能也常常在游戏中表现出来。没有游戏也就没有充分的智力发展。以游戏的经验导入，可以很好地激发学生的学习兴趣。

3. 示范游戏

教师首先向学生展示教学游戏，使学生能很快地进入状态。在师生同“玩”的过程中，突出学生的主体地位，注重全体学生的参与，通过教师的引导和示范，让学生巩固练习、合作讨论、自我设计，为学生创设足够的自主学习的空间，并将任务分层布置，环环相扣，步步深入。

4. 传授新知

基于“做中学”理论，学生在游戏中学习，可以充分发挥自己的聪明才智，张扬自己的个性，在交流中碰撞出新想法。同时这也是一个传授新知识的过程，使教学效果在“玩”中得以深化。

5. 自我创造，发挥个性

游戏化教学模式给学生提供了一个学习、交流、展示的平台，有利于学生进一步升华对学习的认知，积累经验，掌握方法和技能，形成个性化的成果。小组成员还可以互相评价，促进共同进步。

三、游戏化教学的设计原则

游戏化教学模式最重要的就是进行游戏化教学活动的设计，引导学习者通过这些活动，掌握与课程相关的知识，提升相应的能力和素养。

为更好地进行游戏化教学，在设计活动上应特别关注以下几个方面：

1. 游戏活动应当有趣

趣味是教学游戏的灵魂，有趣的教学可以变得灵活，有趣的教学手段能引导学生积极参与，有趣的教学活动把学习兴趣、学习主动权还给了学生，让他们变被动学习为主动学习，变接受学习为探究学习，让他们从学习中体会到快乐和幸福感，感受到学习是自己喜欢做的事情。条件允许的情况下，可以适当在游戏中运用增强现实与虚拟现实技术，增强游戏的真实性和沉浸感。

2. 便于游戏参与者交互

游戏是一种对话，是参与者之间的对话，也是参与者与游戏环境之间的对话，是游戏中各要素的相互作用才使游戏活动变得精彩。所以，游戏化教学活动的设计要加强各要素之间的交互，从而为学生知识的构建提供支持。云平台支撑的师生交互以及交互数据采集统计可以很好地满足这一点。

3. 能满足游戏参与者的社会性要求

进入基础教育阶段的学生已经具备一定的社会交往能力，而且有相应的社会性需求。而游戏化教学活动是一项集体活动，需要生生、师生之间的合作与交流。另外，游戏活动本身可能是真实生活的缩影，必然会带有社会的因素和性质。所以，在设计时要能满足游戏参与者的社会性要求。

4. 游戏化活动具有开放性

游戏化活动的开放性一方面表现在内容选择、结果形式等方面的开放，另一方面表现为信息技术支持下的空间上的开放。空间上的开放，是指在设计学习活动时，可以跳出普通课堂的局限，充分利用现实空间以及信息技术所提供的虚拟空间，进行一种全空间的游戏化学习活动的策划和组织实施。

四、数字教材对游戏化教学的支持

现在电子游戏在儿童教育中的应用已不再少见。对于枯燥的练习，学生很容易产生抵触情绪，而融入游戏元素的训练则可以提升学习的兴趣，例如学习编程，可以利用某款沙盒游戏来给小朋友进行编程的启蒙。也有一些教师选择借助数字阅读应用程序等电子产品来帮助学生完成寒暑假的课外阅读任务，里面的阅读排行榜是实时更新的，随着阅读的图书数量增多，读者排名越靠前。就像游戏中的升级排行榜一样，学生的好胜心不断被激发，阅读量和阅读水平也得到提高。

在智慧课堂环境中，教师可以很方便地开展在线素材的加工及交互式课件的制作，设计符合学生思维特点的游戏化教学设计方案，创设促进问题解决的沉浸式情境。例如根据教学内容和重难点，设计闯关游戏，可借用影视作品的角色进行设计。动画带来的视觉享受和声音刺激，以及闯关带来的挑战性会立刻引起学生的关注，激发他们的学习兴趣。在好奇心的驱使下，学生会主动进入游戏情境中，成为游戏的主人公，从被动的学习者变成游戏的玩家、学习的主导者，主动思考问题，获胜过关，从而得到游戏的即时奖励。此外，教师还可以借助电子交互白板在线设计课件，将图片或文字设置为可自由拖动的模式，学生通过理解任务，观察提供的图片或文字，根据自己的分类依据，直接在交互式平板电脑上用手指拖动它们进行分类游戏。与传统 PPT 不同的是，学生可以在屏幕上用自己的手指拖动、涂抹和擦除。

结合游戏化的闯关教学模式，教师在课上通过发送弹幕、“摇一摇”等交互方式，让学生不断在闯关中学习，根据学生的学习行为，给学生相应的奖励，如得分和徽章，提高学生的课堂参与度，调动学生的学习积极性。在传统教学中，教师面对多名学生，无法对信息做即时处理，而借助数字教材及智慧课堂系统，无论是教师随机抽取、即问即答，还是学生用平板电脑进行抢答、群体作答等，系统均可及时将答题情况以条形图和百分比数据的方式直观地展示出来，教师可及时掌握学生个体、小组及全班的作答情况，让课堂更生动、学习更高效、评价更有趣。

【案例示范】

新春秧歌闹起来

河池市东兰县东兰镇中心小学　覃丽玉

案例背景：《新春秧歌闹起来》出自接力出版社出版的《义务教育教科书 音乐四年级 上册》《黄土高坡》的一首唱歌曲目。该首歌曲为四二拍，节奏稍慢，情绪热烈、欢腾，其中巧妙地运用了上波音使得歌曲更加生动形象。通过学习本首歌曲，引导学生掌握上波音记号及唱法。

（一）新课导入

课程伊始，教师用陕北曲调向学生问好，带领学生做音乐律动，然后向学生提出问题：同学们，你们知道在刚刚的音乐律动中涉及了哪些习俗吗？学生在自由回答后，教师进行总结，顺势引入本课主题。

在揭示主题后引出数字教材中的《柱子拜年》闯关游戏，设定柱子想要骑小驴进城去二舅家拜年，可是小驴非常懒，每走几步就需要给它新的指令，它才会继续往前走。能够帮助柱子到达二舅家的学生就可以得到红包。

（二）初步感知

教师提前录好卡通角色懒驴的配音，开始游戏的第一关：欣赏节目并回答小驴的问题“这首歌曲的速度和情绪是怎样的呢？”利用“八桂教学通”平台中的数字教材，为学生们完整地播放一遍歌曲。学生回答完后，小驴对学生的回答进行评价。接着，学生重复听音乐并继续回答问题“歌曲描绘了怎样的一个场景？”。学生回答完后，小驴进行鼓励性评价，总结歌曲描述了新春陕北人民跳秧歌时热闹欢腾的场景，并简短介绍陕北民俗扭秧歌，为接下来的学习做好准备。

音乐是听觉的艺术，听觉体验是学习音乐的基础，这一环节是为了让学生在头脑中对歌曲形成一个初步印象。

（三）探究学习

首先，教师利用钢琴弹唱，学生跟着哼唱。在这个过程中学生可能会出现音准的问题，例如在四度和三度这两个音程小跳上，学生的音准把握不到位，教师可以采用柯达伊手势教学法带领学生熟悉柯达伊手势的音阶，并展示出课件上表示音阶高低的图片。唱准音阶后，教师让学生在演唱的时候加入手势，由此能够很好地解决音准问题。学生学会哼唱旋律后，小驴会给予评价，鼓励学生继续闯关。教师利用课件播放波音记号视频，并提问“在演唱带有上波音的记号的乐句时，声音出现了怎样的变化呢？”，接着教师进行有上波音记号的演唱示范，引出本课的重点知识——上波音记号，该记号表示在演唱时声音要上下波动。

随后，教师将所学知识应用于闯关游戏中，设置上波音游戏，寓音乐于游戏中，带领学生在演唱上波音时，把身体加入音乐律动中，左右来回摇摆。通过这种游戏方式，学生能更好地掌握上波音记号的演唱。在学唱完旋律后，小驴会继续设置闯关游戏：带节奏朗读歌词。教师带着学生有节奏地朗读歌词，并利用电子琴的节奏功能进行趣味歌词朗读。学生熟悉歌词后，教师带着学生完整演唱歌曲《扭秧歌》。

（四）巩固提高

为了更好地巩固知识，让音乐变得生动有趣，教师组织以轮唱的方式演唱歌曲，鼓励学生在演唱的过程中发挥想象，边用手比画旋律线边演唱，利用“八桂教学通”平台中的计时器工具进行 3 分钟计时。教师实时拍摄视频上传至平台，让每个学生都能及时看到自己的表演，最后采用学生互评与教师评价相结合的方式对学生的表演开展评价和总结。

（五）拓展延伸

继续设置闯关游戏：向柱子的二舅拜年、领取红包。学习扭秧歌，伴着歌曲《新春秧歌闹起来》为柱子的二舅表演拜年节目。当小驴提示闯关完成，教师进行小结评价。

（六）小结作业

师生共同回顾本节课的学习重点。最后，教师布置一个开放性的作业，让学生把今天学唱的歌曲伴着秧歌表演给家人看，并收集其他的春节歌曲。

【案例分析】

本案例通过创设游戏化的情境，以闯关游戏的方式组织具体的教学内容，激发学生的学习兴趣，引导学生在“学思结合”“学用结合”的学习任务中掌握本节课的学习重点，形成了从课上到课下良好的状态延伸。在陶冶情操方面，培养了学生乐观向上、热爱生活的良好品质，同时培养了学生对优秀民族音乐的热爱，激发学生的爱国情怀，提高学生的文化素养。

第六节 翻转课堂应用模式

故事是这样开始的，萨尔曼在辅导小侄女数学的过程中，将自己录制的数学教学视频上传到互联网上，并成立了“可汗学院”。很多中学生晚上在家观看可汗学院的数学教学视频，第二天回到教室做作业，遇到问题时则向老师和同学请教。这种与传统的“老师白天在教室上课，学生晚上回家做作业”的模式正好相反的课堂模式，我们称之为“翻转课堂”。数字教材教学与翻转课堂又会碰撞出怎样的火花呢？下面带领大家一起去看看。

传统的课程教学过程包括两个阶段，一是知识传递阶段，二是知识内化阶段。知识传递是通过课上教师的讲授来完成的，知识内化则需要学生在课后通过作业、练习或者实践活动来完成。在翻转课堂中，这种传统的模式被颠倒，知识传递通过在课前观看教学微视频或阅读其他学习资料来完成，知识内化则在课堂中通过老师的帮助与同学的交流互动来完成。这种教学过程颠倒、教学环节变化的新型教学模式，我们称之为“翻转课堂”。

一、翻转课堂的特征

随着教学过程的颠倒、教学环节的变化，翻转课堂与传统课堂相比具有以下几个特征：

（一）教师角色的转变

翻转课堂使得教师从传统课堂的知识传授者变成了学习的指导者和促进者。这意味着教师不再是教学活动的中心，但教师仍然是课堂的主要推动者。无论是课前、课中还是课后，当学生遇到问题时，教师可以通过线上或线下的方式提供指导和帮助。因此，教师成了学生获取资源、利用资源、处理信息以及在真实情境中应用知识的“脚手架”。

（二）学生角色的转变

在信息技术支持下的个性化学习中，学生成为自定步调的学习者，他们可以自己选择学习时间、学习地点、学习内容和学习量。然而，在翻转课堂中，学生并非完全独立地学习，翻转课堂的课中环节有大量教师精心设计的教学活动，需要学生的积极参与。在技术支持下的协作学习环境中，学生需要根据学习内容反复地与同学、教师进行讨论交流，挖掘知识的深度。因此，翻转课堂是一个进行深度学习的课堂，学生便是这个课堂的主角。

（三）重新分配课堂时间

翻转课堂的第三个特点是教师在课堂讲授的时间大大减少，而学生在课堂参与学习活动、讨论交流的时间大大增加。在课堂上，教师不再是一味地讲授，而是让学生主动参与教学活动，讨论交流，增强课堂中学生的交互性，从而提高学生对知识的理解程度，帮助学生构建自己的知识网络。

二、翻转课堂的教学环节

翻转课堂打破了传统的课堂结构和流程，主要特点在于学生在课前进行深度学习、在课堂中将互动引向更高层次。该模式主要是在课前通过智慧课堂云平台，实现学生课前自主学习，通过学习资源智能推送，记录学习行为，监测评价学习数据，对学习效果进行分析，为后续的教学活动做好准备；在课堂中通过智慧平台实现立体式教学互动，支持协作探究学习，即时监测学习效果，实时进行评价反馈，有效实现高效课堂，提高教学质量。

该教学模型主要由课外活动设计模块和课内活动设计模块两部分组成。在这两个模块学习过程之中，数字化教材教辅、教学微视频和智慧课堂环境等是开展翻转课堂学习的有力支撑。数字化教材教辅、教学微视频等保证了学生在课前的学习活动，智慧课堂环境下学习活动的顺利开展，保证了翻转课堂教学模式的构建与生成。基于数字教材和智慧课堂环境构建的翻转课堂教学模式如图 4.6.1 所示。

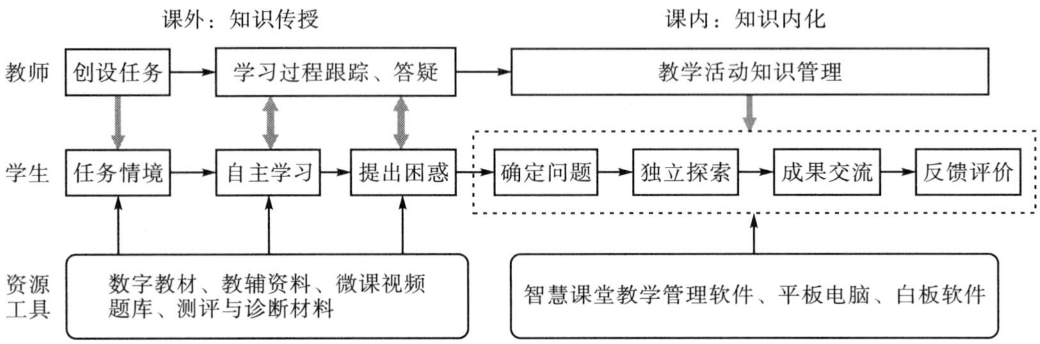

图 4.6.1 翻转课堂教学模式图

（一）课外：知识传授

课外活动主要包括教师活动和学生活动。教师活动包括根据数字教材、教辅等相关资料来创设学习任务以及提供学习过程的跟踪答疑；学生活动包括自主学习、完成学习任务单或导学案上的任务和提出困惑。教师根据学生的预习情况、答题情况和交流情况，进行综合分析，对课内教学设计方案进行修改优化。课外活动阶段用到的资源包括数字教材、教辅资料、微课视频、题库、测评与诊断材料。

1. 创设任务

学习任务单是翻转课堂中自主学习的重要部分，在课前学习阶段，教师通常利用学习任务单布置学习任务，引导学生利用数字教材、微课视频等学习资源展开自主学习。翻转课堂中学习任务单的结构应包括四个部分，即指导语、任务说明、资源支持和帮助。

2. 任务情境

在课前活动中，学生主要根据老师创设的学习任务单来展开学习，学习任务单中有明确的任务说明，任务的活动类型是多种多样的。例如，完成相应的微课程学习，创作与教学内容相关的思维导图，完成相应的练习题等。学生根据老师提供的任务情境来进行学习，通过对情境中任务的探究，解决教学的重难点等问题。

3. 自主学习

学习任务单包含相应的资源支持。学生可以利用微课视频和互联网上的教学资源来展开学习，利用功能丰富的电子书来展开阅读等。学生在家学习的时间和节奏完全是由自己来掌握的。学生可以选择一个时间点来进行集中学习，也可以进行泛在学习，也可针对某些教学内容来进行多次学习。在学习的过程中，学生可以暂停学习进程，立刻记下自己的疑惑并进行思考，同时也可以及时将自己的收获记录下来，以便和教师、同伴进行分享交流。

4. 提出困惑

学生在学习完相关的课程内容之后，要完成教师提前布置好的课前针对性练习，加强对学习内容的巩固。在做练习的过程中，学生会遇到各种各样的困惑，这时可以及时记录自己的困惑，并且积极主动利用社交媒体软件与老师、同学们进行互动交流。

（二）课内：知识内化

在智慧课堂环境下开展翻转课堂教学，课内活动主要包括师生共同确定探究的问题、学生独立解决问题、学生进行成果展示与交流、教师进行教学评价与反馈等。课内活动设计模块需要用到的教学资源包括：课堂教学管理软件、学科工具、白板软件等。

1. 确定问题

课堂探究的问题需要师生共同确定。从教师的角度，教师需要根据数字教材内容的重难点提出一些问题；从学生的角度，学生根据自己在课前完成学习任务单、对在课前针对性练习时发现的疑问及与同伴交流中未解决的困难提出一些问题。综合这两方面的问题来确定用于课堂探究的问题。

2. 独立探索

在翻转课堂的活动设计中，教师应该注重培养学生的独立学习能力，要从一开始对学生进行选择性指导，逐渐转为让学生学会独立探究学习，把培养学生的独立学习能力贯穿于整个课堂设计中，让学生利用智能学习终端来进行自主学习，独立解决自己的问题。只有当学生能独立思考探究、解决问题，才能有效地将知识内化，从而系统地构建出自己的知识体系。

3. 成果交流

学生经过独立探索、协作学习之后，需完成个人或者小组的作品成果。学生需要在课堂上进行汇报、交流学习体验，分享作品制作带来的成功和喜悦。成果交流的形式可多种多样，如报告会、辩论会、比赛等，老师和同学在汇报完之后，在课堂上进行讨论和评价。

4. 反馈评价

翻转课堂不但要注重对学习结果的评价，还应通过建立学生的学习档案，注重对学习过程的评价，真正做到定量评价和定性评价、形成性评价和总结性评价、对个人的评价和对小组的评价、自我评价和他人评价之间的良好结合。评价的内容可包括在独立学习过程中的表现，以及在小组学习过程中的表现、学习计划和时间的安排、表达和成果展示等方面。

【案例示范】

认识轴对称图形

北海艺术设计学院附属学校　黄秋萍

案例背景：《认识轴对称图形》出自苏教版《义务教育教科书 数学三年级 上册》第六单元的内容，在学习三年级上册《认识轴对称图形》之前，学生已认识了长方形、正方形、三角形、圆形和平行四边形，本节课的学习将为学生进一步学习轴对称图形以及图形的转换打下基础。

（一）预习导入

1. 预学（自主预学，奠定基础）

教师在课前给学生发放微课视频和学习单，明确微课学习目标。学生自主观看微课视频预学，完成微课学习单。

2. 质学（自由质学，提出问题）

教师提问：同学们，你们有什么不懂的，请提出。

3. 导学（情境导学，引入概念）

（1）教师提问：同学们，我们课前已经通过微课视频进行预学，哪位同学可以说一说你知道了哪些知识？

学生回答已经了解到的关于《认识轴对称图形》的知识。

（2）学生观看 2021 年 7 月 1 日中国共产党成立 100 周年大会中“71”字形战机飞行的视频。

（3）教师介绍：这是我国自主研制的战斗机，作为中国人我们多自豪呀！

（4）视频播放结束后，教师出示飞机模型，请学生认真观察其特征。

（二）质疑合作

共学（小组共学，探究概念）

（1）教师出示蝴蝶、天坛祈年殿和飞机的剪纸，请学生观察并说说它们的共同特征。（课件出示剪纸图形）

（2）教师引导学生观察生活中有什么物体是对称的，你有什么方法验证它们是对称的。（引导学生说出答案：对折）

（三）拓展巩固

1. 展学（组间展学，强化概念）

（1）教师引导学生从剪下来的蝴蝶、天坛祈年殿和飞机图形三张剪纸中选一个喜欢的图形对折，说说发现了什么。学生合作折一折，然后展示。

（2）教师演示不完全对折的飞机，引导学生强化轴对称图形的概念，并提出疑问：这样对折的飞机是对称的吗？教师总结轴对称图形的概念。教师进一步提问：怎么判断轴对称图形？并标出关键词“对折”“完全重合”。学生提出疑问：“什么是轴？”教师解答学生的疑惑。

（3）教师出示若干三角形图片，提问：下面的图形是轴对称图形吗？为什么？得出结论：有些三角形是轴对称图形，有些不是。

（4）教师出示长方形、正方形和平行四边形图片并提问：下面的图形是轴对称图形吗？引导学生从不同方向对折平行四边形。

得出结论：所有长方形和正方形都是轴对称图形。

（5）教师演示制作松树图。并让学生四人小组合作：动手画一画、剪一剪，剪出一个自己喜欢的轴对称图形。

2. 固学（全体固学，内化概念）

（1）拍拍手，摇摇头：教师出示中国结、风车、蜻蜓、蜜蜂、枫叶和中国少年先锋队队徽等图形，并对学生说：下面的图形如果是对称的，请你拍拍手；如果不是，请你摇摇头。教师带领学生一起完成游戏。

（2）学生圈一圈：引导学生完成课本练习。下面的英文字母，哪些可以看作轴对称图形？

学生连一连：下面的图案是从哪张纸上剪下来的？连一连。下面的交通标识，哪些可以看作轴对称图形？带领学生认识交通标识，判断是否是轴对称图形。

（四）全课总结

请学生说一说这节课的收获，接着播放生活中的轴对称现象和轴对称图形示例（北海当地著名建筑物、中国四大名锦、中国传统文化图案），让学生欣赏并观察。

（五）布置作业

用一张正方形或长方形，折一折，画一画，剪一剪，比比谁的图案最美丽。

【案例分析】

在本案例中，教师使用翻转课堂教学模式，课前为学生提供微课资源和学习任务单，满足了学生进行自主学习的条件。翻转课堂促使教师把教学重心和时间放在组织课堂互动学习和探究学习这两个方面中，强化学生对知识的理解。对于较为抽象的知识，教师鼓励学生自己动手操作，通过游戏、剪纸、观看视频，让学生直观地感受轴对称图形的特征，有利于加深学生对抽象概念的理解。教师在上课之前还可以利用智慧课堂的交互式测试，花费少量的时间对课前的学习情况进行学前诊断，让教学更有针对性。

第七节　VR 数字教材课堂应用模式

在某市一所小学的科学课堂里，班上的学生们正津津有味地看着科学老师的神奇操作，老师把“胃”从屏幕中“拿”出来并进行720度旋转，有同学还观察到了覆盖在胃黏膜表面的褶皱，随着镜头演示的推进，被胃分解成粥一样的食物，来到了小肠……你是否也和他们一样有身临其境的感觉呢？下面就让我们一起走进“触手可及”的课堂吧。

虚拟现实（Virtual Reality，简称 VR），它以 VR 设备作为物理基础，给体验者创设一个逼真的环境，让体验者以第一人称视角来体验，通过调动体验者的多重感官，增强人们的体验感，体验者也可以与虚拟环境进行互动，从而获得逼真的体验。

随着技术的发展，VR 在不同学科领域的应用越来越深入。最初 VR 技术常用于医学教育，医学生在 VR 所创设的环境中进行手术操作技能的训练。北京航空航天大学研究并开发了沉浸式虚拟控制器，供飞行员学习飞行时进行模拟训练。还有研究将其应用于考古和历史类课程中，学生佩戴 VR 眼镜，历史文物仿佛出现在自己的眼前，学生观看并记录学习。在义务教育阶段，VR 的应用也如雨后春笋般涌现出来，例如应用于安全教育课程，通过身临其境地体验火灾、地震等灾难现场，增强学生的安全意识。VR 也可融进小学科学课堂，丰富教学情境，改进教学方式，从而激发学生的学习兴趣并提高教育教学质量。

一、虚拟现实的类型

按照体验者沉浸感的不同，虚拟现实可分为三类：非沉浸式虚拟现实、半沉浸式虚拟现实和沉浸式虚拟现实。

非沉浸式虚拟现实又叫桌面虚拟现实，主要在电脑屏幕中呈现虚拟信息，体验者利用鼠标和键盘控制虚拟场景。

半沉浸式虚拟现实是非沉浸式虚拟现实系统的加强版，使用了头部跟踪技术来提高体验者的沉浸感。

沉浸式虚拟现实通常需要头戴式显示器、定位追踪器和数据手套等设备，使得体验者产生较强的沉浸感。目前备受关注的就是这种沉浸式虚拟现实技术。

沉浸式虚拟现实是指利用计算机技术模拟三维仿真场景，体验者通过头戴式显示器、数据手套、定位追踪器等硬件设备，在软件系统的支持下，通过交互高度模拟体验者的多种感官感受，从而提供完全沉浸式的体验。这个虚拟场景可以是我们平常可见到的场景，当然也可以是我们日常生活中无法遇见的场景，比如火山爆发、海底世界、人体消化系统等场景，体验者还可以与周围的环境进行互动，从而获取更加真实的体验。沉浸式 VR 系统结构如图 4.7.1 所示。

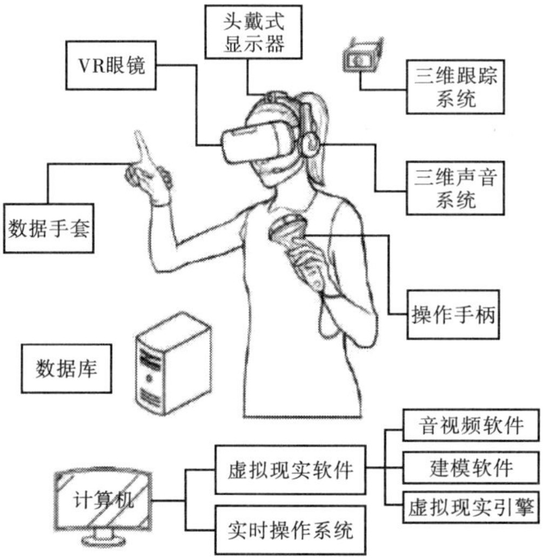

图 4.7.1　沉浸式 VR 系统结构图

根据 VR 课堂的实际开展需求，教学环境应当具备以下基本功能：

1. 拥有丰富的学习工具和学习资源，能够根据实际的教学情况和教学要求，创建生动形象的教学环境；

2. 学生能够在虚拟环境中实现交互活动，有效地获取和学习知识；

3. 教师能够有效地管理课堂秩序和课堂进度，随时把握学生的操作情况。

二、VR 课堂应用模式

VR 课堂应用模式如图 4.7.2 所示。

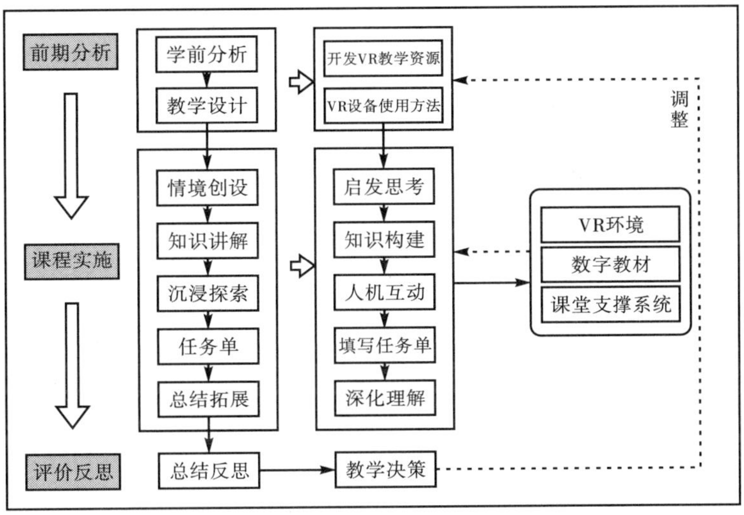

图 4.7.2　VR 课堂应用模式图

（一）前期分析

前期分析即课前分析阶段，该环节在教学设计之前进行，包括学习需要分析、学习者特征分析、学习内容分析以及学习环境分析。

在 VR 课程中，学习需要分析是指找出该课程在现阶段存在的不足等，并对其进行分析和总结。学习者特征分析即学情分析，要对本节课程的学习者进行详细分析，如学生的“最近发展区”，学生的性格特点，学生之间的差异等。学习内容分析，主要包括两方面的内容：一方面是教材内容分析，另一方面是 VR 教学资源分析，两者都要符合教学主题。学习环境分析是指 VR 环境的创设，要给学生创设一个 VR 的学习环境，并在课前向学生演示 VR 设备的使用方法，为教学实施奠定基础。

（二）课程实施

在完成前期分析后，要对具体的教学流程进行精心设计。在 VR 课堂中可以通过五个环节来进行具体的课程实施，即情境创设、知识讲解、沉浸探索、完成教学任务单、总结拓展和交流。以上所有的教学活动，都要在 VR 环境中实施。

（三）评价反思

在完成课程实施之后，要对学生的学习效果进行检测，可以通过问卷调查法以及访谈法检验 VR 教学的有效性。最后，基于本次 VR 课堂的实施情况，进行教学反思与教学总结。

【案例示范】

认识东南西北

南宁市青秀区埌西小学　农艳霞

案例背景：“认识东南西北”是人教版《义务教育教科书 数学小学三年级 下册》第一单元的内容。在传统的课堂中，由于受时空的限制，学生不能在特定的时间和特定的场景里认识“东南西北”。而 VR 技术能够让学生在虚拟环境中对方向有一定的认识，获得一种身临其境的感觉。在本课中，教师利用“八桂教学通”平台，精心设计 VR 场景资源，引导学生在 VR 沉浸式体验活动中发展空间观念。

（一）课前准备

1. 收集生活中辨别方向的方法，初步感知方向

教师通过“八桂教学通”平台的“投屏”功能，展示学生已知的辨别方向的方法：看太阳、指南针、北斗七星和运用《东南西北》儿歌。《东南西北》儿歌的歌词是：早上起来，面向太阳，前面是东，后面是西，左面是北，右面是南。

2. 忆数学史，培育数学观

教师通过“八桂教学通”平台分享微课《指南针的历史》。借助平台视频让学生认识到“指南针是我国古代四大发明之一”，从中了解古人的智慧，从而拓宽知识面。

（二）引出主题

上课伊始，教师播放北京天安门广场及四周建筑的视频，并给同学们介绍，“在首都北京有一个著名的旅游胜地，那里是当今世界上最宏大的城市中心广场。1949 年 10 月 1 日，中华人民共和国在这里举行了开国大典。”让学生猜一猜这

是什么地方。学生很快猜出是天安门广场。紧接着，教师问："同学们，大家想不想亲临现场，去到令人神往的天安门广场呢？"学生毫不犹豫地说："想！"教师回应："可是我们现在在教室，这儿距离天安门广场有十万八千里呢，没法马上过去，怎么办呢？"留心观察的同学发现了桌面上的 VR 眼镜，这些同学纷纷说道："戴上 VR 眼镜。"紧接着，教师使用"八桂教学通"平台，通过播放穿梭的视频画面和精心挑选的背景音乐吸引学生注意力，带领学生马上"来到"天安门广场 VR 场景（如图 4.7.3）。

图 4.7.3 天安门广场 VR 场景

教师先引导学生观察天安门广场的四周，学生发现天安门广场四周有各具特色的建筑。宏大壮阔的天安门广场、气势磅礴的天安门城楼、收藏着珍贵文物的中国国家博物馆、庄严肃穆的毛主席纪念堂、雄伟壮丽的人民大会堂，整个广场宏大壮丽，浑然一体，给学生极大的视觉冲击力。教师拖动平台课件，聚焦各个建筑，引导学生观察"早晨，太阳在中国国家博物馆上方冉冉升起"的场景，进而确定中国国家博物馆在天安门广场的东面。

很多学生没去过天安门广场，而天安门广场作为首都的心脏，有必要让学生更深入地进行了解。由于时间和空间的局限性，身在教室的师生无法到达现场。基于此，教师使用 VR 眼镜，吸引学生注意力。

（三）依托“八桂教学通”平台进行 VR 体验，探索新知

1. 活动一：运用儿歌辨别方向

教师抛出问题：“想要确定中国国家博物馆、人民大会堂、天安门城楼和毛主席纪念堂分别在天安门广场的什么方向，你们有什么好方法吗？”引发学生的第一次思考。有的学生说：“指南针可以帮助我们找到方向。”有的学生说：“看太阳，早晨太阳从东边升起，傍晚从西边落下。”有的学生说：“我们小时候学过一首儿歌，叫《东南西北》，这首儿歌教我们找出‘东南西北’4 个方向。”通过讨论交流，学生认识到在没有指南针的情况下，《东南西北》儿歌是辨别方向的好方法。为了更好地运用《东南西北》儿歌辨别方向，教师设计了以下两个教学环节，通过变换东的方向，让学生辨别其余三个方向。

第一环节，假如教室的前面是东，用儿歌的方法辨别方向。全班同学边指边说。

第二环节，假如教室的左面是东，用儿歌的方法辨别方向。全班同学边指边说。

小结：用儿歌辨方向，要先找到太阳的方向。清晨太阳所在的方向是东面，所以先面向东。在确定面向东的时候，前面是东，后面是西，左面是北，右面是南。

这一环节能让学生根据清晨太阳所在的方向，灵活地辨别出“东、南、西、北”。甚至，当教师给定太阳升起的方向时，全班同学能够不约而同地边指边说方向，体现了学习的高效性。

2. 活动二：同桌合作，运用《东南西北》儿歌辨别天安门广场的方向

教师借助“八桂教学通”平台的课件，调试到天安门广场的 VR 场景。紧接着提问：“我们一起回到清晨的天安门广场，用《东南西北》儿歌确定方向，首先可以确定什么方向呢？”学生不约而同地答道：“东面，中国国家博物馆在广场的东面。”教师进一步提出同桌合作的活动，一起完成“探究单”上的内容。教师再通过一问一答的师生互动，将空间观念学习走向深度，突破了学生辨别北面和南面的难点。

通过身临其境地观察天安门广场及四周的建筑，学生不断修正和完善自己

的发现，在与同桌合作的学习中，学会用数学的语言描述现实世界，从而掌握本节课的教学重点，初步建构空间观念。

3. 在教室中认识“东、南、西、北”4个方向，感知方向特点及规律

教师将辨别“东、南、西、北”的场景切换到学生身处的教室，继续提问：“你能找出教室的‘东、南、西、北’这4个方向吗？”学生在“找一找、指一指、说一说”的过程中，确定了教室的这4个方向。学生确定了方向后，教师再引导学生仔细观察，并描述教室的东、南、西、北面各有什么。

为了掌握方向的相对性和东南西北按顺时针方向排列的规律，教师组织学生开展指方向的游戏。游戏一：面向东，面向西，面向东，面向西，你发现东和西有什么关系呢？那北和南呢？游戏二：面向东，面向南，面向西，面向北，东、南、西、北，你发现这4个方向有什么关系呢？

教室是学生熟悉的环境，本环节通过层次分明的“指一指、转一转”（在教室辨认方向）的游戏，让学生了解了两组相对的方向——东与西、南与北。学生还从中了解了“东、南、西、北”是按顺时针方向排列的，并在此基础上学会使用指南针，获得辨别方向的技能。

4. 给定北面或者南面，辨别其他三个方向，巩固辨别方向的方法

教师提问：“东与西相对，北与南相对。方向的相对性能帮助我们找到相对的方向，那么顺时针排列的规律也能帮助我们找到东南西北吗？”将辨别方向的场景由教室场景切换到夜晚面向北极星的场景。教师提问：“在清朗的夜晚，当你面向夜空的北极星，你能根据顺时针方向排列规律找出‘东、南、西、北’这4个方向吗？”通过讨论，学生发现通过顺时针方向排列规律确实可以很快确定方向。这时，学生总结出还可以结合方向的相对性、《东南西北》儿歌和顺时针规律的方法来辨别方向。

上一个环节让学生在横向学习中感知方向的特性和规律，而这一环节在纵向拓展中让学生了解辨别方向的方式的多样化，创设不同的场景让学生充分认识方向，学会利用一个方向辨认其余三个方向，从而提高学生解决问题的能力。

5. 课堂互动游戏

教师运用“八桂教学通”平台创设了“火箭大比拼”趣味竞赛的情境，提

高学生的学习积极性。由一名同学在游戏情境中判断方向，其他同学也进入情境，帮助台上的同学进行判断。学生在“乐中学”“学中乐”，巩固了东南西北的知识，深化了空间观念。

通过课堂小游戏，学生对方向的特性和辨别方向的方法进行了再次巩固，游戏结束后，平台反馈结果，包括答对和答错的题数及分数。根据学生反馈，教师针对错误点进行全班交流、解析，使学生既能收到平台的点评，又能得到同学和教师的评价。

6. 用 VR 技术体验天安门广场，制作天安门广场的简易平面图

学生已具备了一定的辨别方向的方法，教师指导学生再次戴上 VR 眼镜，来到学生所在的埌西小学励志广场（如图 4.7.4）。学生通过观察夕阳，根据太阳落下的方向是西面这一规律，学生辨别出宿舍楼在励志广场的西面。确定西面之后，学生运用儿歌和顺时针的方法辨别出其余三个方向，再找出相应方向上的建筑，为设计出励志广场简易的平面图打下基础。

为了避免学生混淆在地图上辨别方向的方法与在实际生活中辨别方向的方法，教师预先对 VR 设备资源进行设置。学生戴上 VR 眼镜后，眼镜能根据学生朝向的不同，展示 4 种不同的平面图。当学生发现场景会随着自己的朝向变化时，便能认识到统一方向的必要性，从而在潜移默化中发展学生用数学思维思考现实世界的能力。

图 4.7.4　傍晚时分，埌西小学励志广场的 VR 场景

7. 全课总结，提升认知

请同学们谈一谈本节课的收获，教师播放视频《辨别方向的方法》作为本节课的小结。

【案例分析】

本案例将“八桂教学通”平台与VR技术两种新型的信息化教学手段与课堂教学深度融合，运用数字教材的视频资源，拓宽学生的知识面，帮助学生感知数学与自然、人类社会的密切联系，发展学生的数学眼光，让“数学来源于生活，应用于生活”的感知不断强化。在教学过程中，借助VR眼镜让学生身临其境，到“天安门广场”和“校园励志广场”观察方位，发展学生的空间观念，让学生既能学会辨别方向，也能着手解决实际问题。同时，弥补了传统教学在创设情境、切换时空等方面的不足。“八桂教学通”平台与VR技术相结合，高度赋能教育教学，教师应积极探索这两种技术手段与课堂的有效融合，为教育信息化提供更多样化的教学模式。

【思考与练习】

1. 选择其中一种数字教材的应用模式，谈谈你对该应用模式的看法。

2. 说一说你在开展数字教材应用实践过程中遇到的问题。

3. 请你结合自己从事或熟悉的学科课程，选择其中一种应用模式设计一个教学方案。

第五章
数字教材助力教师专业发展

教师专业发展是教师通过不断学习、反思和探究来拓宽其专业内涵、提高其专业水平，从而达到专业成熟境界的过程。在新课标、新课程、教育数字化转型的时代背景下，数字素养与学科能力成为教师专业发展的“双核要素”。数字教材应用和创新在赋能教学变革的同时，也为教师的专业发展提出了新的要求，提供了新的途径。本章首先从教师数字素养培养、数字素养框架下的数字教材应用来论述新时代教师专业发展的目标，基于 TPACK（整合技术的学科教学知识）框架分析数字教材环境下教师专业发展的“双核要素”及数字教材的赋能作用。然后，从教研和培训、区域数字教材规模化应用等维度阐述促进教师专业发展的有效途径。最后，面向信息化环境下中小学教师教育科研实践需求，探讨如何开展基于数字教材的课题研究。

学习要点

1. 了解教师数字素养是数字转型时代教师专业发展的核心要素，能用教师数字素养框架来指导自己的教学实践和专业发展。

2. 了解数字教材促进教师专业发展的途径。

3. 掌握常用的课题研究步骤及方法；尝试从自己的教学改革实践出发，依托数字教材开展信息化课题的研究和研究方案的制定。

内容架构

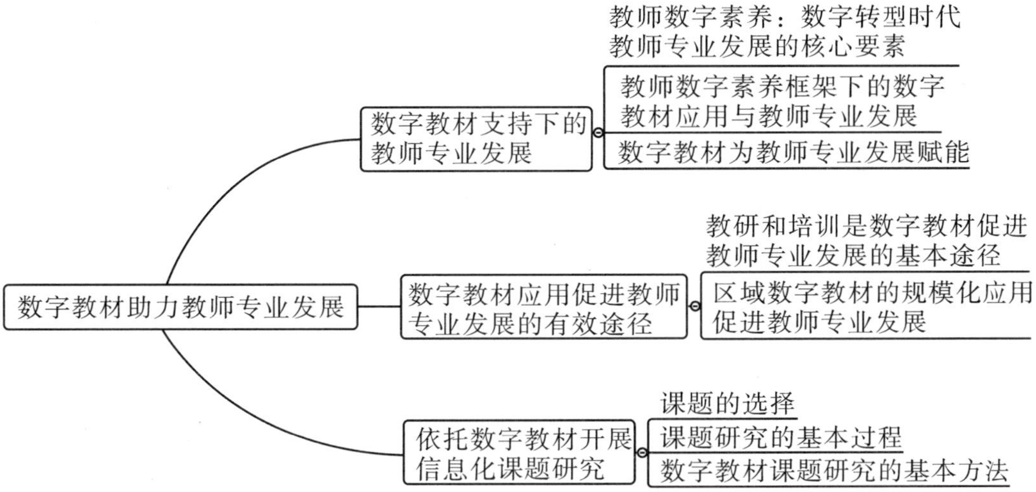
数字教材助力教师专业发展
数字教材支持下的教师专业发展
教师数字素养：数字转型时代教师专业发展的核心要素
教师数字素养框架下的数字教材应用与教师专业发展
数字教材为教师专业发展赋能
数字教材应用促进教师专业发展的有效途径
教研和培训是数字教材促进教师专业发展的基本途径
区域数字教材的规模化应用促进教师专业发展
依托数字教材开展信息化课题研究
课题的选择
课题研究的基本过程
数字教材课题研究的基本方法

第一节　数字教材支持下的教师专业发展

教师是教育高质量发展的第一资源。高素质、专业化、创新型的教师队伍是推进教育现代化、建设教育强国的重要支撑。在“双新”（“新课程、新教材”）背景下，教师专业素养的提升与发展成为我国教育事业发展的重要任务，2018年中共中央、国务院《关于全面深化新时代教师队伍建设改革的意见》出台，明确指出需造就高素质专业化教师队伍，强调教师要主动适应信息化、人工智能等新技术变革，积极有效开展教育教学。这不仅反映了新时代教师队伍建设的必要性，而且体现了依托数字教材，整合数字技术资源，探索促进教师专业发展的新模式的重要意义和实践价值。

一、教师数字素养：数字转型时代教师专业发展的核心要素

在新时代义务教育教学改革和“双减”（即有效减轻义务教育阶段学生过重作业负担和校外培训负担）的背景下，课堂及学校教育主阵地作用被强化，这些新需求的贯彻落实必须依据义务教育课程方案和课程标准，对教与学的内容、方式进行改革。2022 年 3 月 25 日，教育部印发《义务教育课程方案和课程标准（2022 年版）》。新修订的义务教育课程方案强调素养导向，注重培育学生终身发展和适应社会发展所需要的核心素养，特别是真实情境中解决问题的能力。

教师队伍建设是教育信息化可持续发展的基本保障，数字素养是数字时代教师必备的专业能力。对教师而言，数字时代教师的教学能力主要是指向教师通过应用信息技术来有效促进课程教学的能力。这种能力不是数字技术工具的简单应用能力，而是利用技术重组学习环境并提供有效教学策略的能力。[①] 在我国数字化发展的进程中，这种能力在不同阶段也会呈现出不同的内容和标准。一直以来，国家高度重视教师数字素养的培养和提升，先后经历了教师教育技术应用能力、教师信息技术应用能力、教师信息素养、教师数字素养四个阶段。

---

① 葛文双 . 如何看待数字化转型视角下的教师数字素养提升［J］. 中国信息技术教育，2023（5）：8–10.

（一）中小学教师教育技术应用能力建设

教育技术应用能力是现代教师最重要的专业能力之一，对教师开展高质量教学活动具有十分重要的作用。[①] 为提高中小学教师教育技术能力，促进教师专业能力发展，2004 年，教育部正式印发《中小学教师教育技术能力标准（试行）》，作为我国中小学教师教育技术能力建设的总体目标。该标准主要从意识与态度、知识与技能、应用与创新、社会责任四个层次对中小学教师的教育技术能力提出要求。2005 年，教育部正式启动实施了《全国中小学教师教育技术能力建设计划》，旨在以《中小学教师教育技术能力标准（试行）》为依据，以全面提高中小学教师教育技术应用能力、促进教育技术在教学中的有效运用为目的，组织开展以信息技术与学科教学有效整合为主要内容的教育技术培训，全面提高广大教师实施素质教育的能力。《全国中小学教师教育技术能力建设计划》提到，从 2005 年开始到 2007 年底，各省（自治区、直辖市）绝大多数教师需普遍接受不少于 50 课时的教育技术应用能力培训，并参加国家统一组织的教育技术能力水平考试认证。《教育信息化十年发展规划（2011—2020 年）》将深入实施教师教育技术能力建设作为重要内容，提出逐步建立和完善各级各类教师教育技术能力标准，促进培训、考核和认证一体化。截至 2011 年底，该计划累计培训中小学教师近 600 万人，有效地促进教师教育技术应用能力的提高和发展，加快了我国中小学教师的专业化进程。

（二）中小学教师信息技术应用能力提升工程

随着信息技术与学科教学融合的不断深入，在国家教育信息化的整体战略中，中小学教师的教育技术应用能力升级为信息技术应用能力，全面实施全国中小学教师信息技术应用能力提升工程。2013 年，教育部为全面提升教师信息技术应用能力，决定实施全国中小学教师信息技术应用能力提升工程（以下简称“能力提升工程”）。教育部于 2014 年 5 月颁布了《中小学教师信息技术应用能力标准（试行）》。它是“能力提升工程”中顶层设计的一部分，“能力

① 王春雁，朱文英．以《标准》为依据，推进全国中小学教师教育技术能力建设计划（TET）：访教育部师范教育司副司长宋永刚［J］．教育信息化，2005（9 下）：29-31.

提升工程”既催化了该标准的研制，又为其实施提供了绝好的平台。[①] 该标准将中小学教师信息技术应用能力定义为中小学教师运用信息技术改进工作效能、促进学生学习成效与能力发展，以及支持其自身持续发展的教师专业能力。教师信息技术应用能力对教师自身专业能力的持续发展的重要性和支撑作用得到强化。该标准根据我国中小学软硬件基础设施的差异、信息技术课堂应用情境的不同，在教育教学和专业发展两个维度对教师应用信息技术提出了“应用信息技术优化课堂教学的能力”和“应用信息技术转变学习方式的能力”两方面要求。其中“应用信息技术优化课堂教学的能力”是基本要求，主要包括教师利用信息技术进行讲解、启发、示范、指导、练习与反馈等教学活动所应具有的能力。“应用信息技术转变学习方式的能力”是发展性要求，主要包括利用信息技术支持学生开展合作探究、自主学习与个性化发展等活动所应具有的能力。到 2020 年底，“能力提升工程”完成了各级各类学校教师新一轮提升培训，教师信息技术应用能力、学科教学能力和专业自主发展能力基本达到标准要求，教师在课堂教学和日常工作中应用信息技术的有效性得到提升，信息技术与教育教学融合取得新突破。

（三）“能力提升工程 2.0”全面提升教师信息素养

信息技术应用能力是新时代高素质教师的核心素养。为顺应智能环境下教育发展，引领推动教育信息化转型升级，2018 年 4 月，教育部印发《教育信息化 2.0 行动计划》。《教育信息化 2.0 行动计划》的实施目标是到 2022 年基本实现“三全两高一大”，其中“两高”指的就是信息化应用水平和师生信息素养普遍提高，要求从提高师生信息技术应用能力向全面提升其信息素养转变。

为完成《教育信息化 2.0 行动计划》提出的行动目标，推动教师主动适应信息化、人工智能等新技术变革，积极有效开展教育教学，构建“教师信息素养发展新机制”，2019 年，教育部启动实施全国中小学教师信息技术应用能力提升工程 2.0（以下简称“能力提升工程 2.0”）。“能力提升工程 2.0”的目标是到 2022 年，构建以校为本、基于课堂、应用驱动、注重创新、精准测评的教师

① 祝智庭，闫寒冰 .《中小学教师信息技术应用能力标准（试行）》解读［J］. 电化教育研究，2015（9）：5–10.

信息素养发展新机制，通过示范项目带动各地开展教师信息技术应用能力培训，基本实现“三提升一全面”的总体发展目标：校长信息化领导力、教师信息化教学能力、培训团队信息化指导能力显著提升，全面促进信息技术与教育教学融合创新发展。“能力提升工程 2.0”进一步聚焦教学应用，强调要提高教师信息化教学能力，包括应用信息技术进行学情分析、教学设计、学法指导、学业评价等。各地根据本地实际，参考教育部《全国中小学教师信息技术应用能力提升工程 2.0 校本应用考核指南（征求意见稿）》，开发中小学教师信息化教学能力测评指南，设计培训课程和培训资源，借助信息技术应用能力测评工具和网络测评系统，规范开展全员培训、专项培训、远程培训和整校推进绩效评价工作。实施两轮全国中小学教师信息技术应用能力提升工程，“三个课堂”应用、“一师一优课、一课一名师”活动深入推进，教师信息化教学能力显著提升。

（四）基础教育数字化转型赋能教师数字素养培养

信息技术与教育的深度融合推动着教育结构的变革。开放式的国家中小学智慧教育平台、智慧课堂的教学环境、虚实结合的教学空间、智能化的教育资源、跨学科的教学内容以及作为数字原住民的学生等，都对教师的数字素养提出了新的要求。

全面提升教师数字素养是推动教育信息化发展的瓶颈问题，是促进教师转变教学方式，深入推进基础教育课程改革的重要抓手；是实现教师终身学习，有效促进专业自主发展的关键路径。教师队伍建设是教育数字化可持续发展的基本保障，数字素养是信息化社会教师必备的专业能力。

教育数字化转型是教育信息化的新阶段。如果说教育信息化以基础设施和资源平台建设大大提升了获取知识的便捷程度，那么以教学和管理模式重塑为特征的教育数字化转型，则将回答如何打破数据孤岛、提升师生参与度、将日常获取的大数据应用于改进教学和评价等诸多新问题。

数字教材在智慧课堂环境下的应用会生成海量的教学活动数据，其在指导教学中发挥着越来越重要的作用。教师能够通过教学平台获取多样化的数据，包括学生的行为、学习偏好等隐性信息，打破了以往依据经验和观察等方式进行教学决策的惯例，以丰富的数据作为支撑，精确地分析学生的学习效果、发现教学中的问题，进而改善教学结构、提升教学绩效。使用数据改善教学能力（即数据素养）成为新时代教师专业化能力的新内容。教师的数据素养是教师专业能力中的一项综合技能，既包括使用数据的意识、知识和技能，也包括使用数据进行教学决策的技能。在数字教材的应用过程中，行为数据和结果数据是教与学活动的真实表征。数字教材应用平台除了要根据教学应用需求，采集和统计相关的数据外，还应该提供学习分析的结果，挖掘出数据背后掩盖的相关信息，将其转化为教师可以理解、具有实际操作价值的教学决策，从而帮助教师改进教学，促进自身的专业成长。

新形势下人工智能与教育教学的深度融合发展已经成为未来教育的必然趋势。教师应主动适应信息化、人工智能等技术变革，积极有效开展教育教学。信息素养、数据素养等概念已无法满足智能时代人才培养与教师专业发展的新需求，教师智能教育素养的培养以及与其相适应的教师专业素养培养路径引起人们的关注。① 教师智能教育素养是以人工智能教育应用为核心的特定环境的新型素养。教师智能教育素养是教师在人工智能时代教育教学实践和专业发展的知识、能力、态度与伦理的集合，包括理解和掌握人工智能技术及其教育应用的基本知识、实施智能化教育教学并促进教师专业发展的核心能力、对待智能教育的理性态度与合乎伦理道德的实践等方面。②

《教育部2022年工作要点》明确提出“实施教育数字化战略行动”。“构建标准规范体系，发挥引领作用”是基础教育数字化战略行动的基础性内容。目前，围绕平台工具、数据资源、环境设备、数字素养、网络安全等方面，教育部已研制出台10个管理规范和8项行业标准。2022年11月，教育部发布《教师数字素养》教育行业标准，规定了包含数字化意识、数字技术知识与技能、数字化应用、数字社会责任、专业发展5个一级维度、13个二级维度和33个三级维度的素养框架。教师数字素养是教师应用数字技术开展教育教学的知识、能力、意识和伦理态度的综合，教师既要能够运用数字技术开展教育教学，提

① 王丹.人工智能视域下教师智能教育素养研究：内涵、挑战与培养策略［J］.中国教育学刊，2022（3）：91–96.

② 刘斌.人工智能时代教师的智能教育素养探究［J］.现代教育技术，2020（11）：12–18.

升学生的数字素养，也要能够利用数字技术资源促进自身及共同体的专业发展。教师数字素养内涵框架的清晰界定为进一步推进教师数字素养研究奠定了坚实的基础。[①]

当前，教育事业面临高质量发展、数字化转型等新的机遇与挑战，新时代教师队伍建设是教育数字化建设的重要组成部分。教师必须从知识型教师转变为素养型教师，而数字素养是新时代教师的核心素养之一。数字化时代教育环境、教育资源、教学模式都发生了质的变化，教师需要不断增强对数字技术知识的学习、应用和创新，以适应并善于利用数字技术教书育人。

二、教师数字素养框架下的数字教材应用与教师专业发展

教育部研究制定了《教师数字素养》教育行业标准，旨在扎实推进国家教育数字化战略行动，完善教育信息化标准体系，提升教师利用数字技术优化、创新和变革教育教学活动的意识、能力和责任。该标准明确教师数字素养是指教师适当利用数字技术获取、加工、使用、管理和评价数字信息和资源，发现、分析和解决教育教学问题，优化、创新和变革教育教学活动而具有的意识、能力和责任。该教育行业标准的发布施行，为教育数字化转型背景下的教师素养发展提供了指导方向。

该文件给出了教师数字素养框架，包括 5 个一级维度、13 个二级维度和 33 个三级维度（见图 5.1.1）。一级维度包括：数字化意识、数字技术知识与技能、数字化应用、数字社会责任、专业发展。每个一级维度由若干二级维度组成，每个二级维度由若干三级维度组成。

（一）数字化意识

数字化意识是指客观存在的数字化相关活动在教师头脑中的能动反映，是教师在数字时代有效开展教育教学和持续发展的前提条件。

教师必须认识到数字教材的重要价值，意识到数字教材资源应用于教育教

① 胡小勇，李婉怡，周妍妮．教师数字素养培养研究：国际政策、焦点问题与发展策略［J］．国家教育行政学院学报，2023（4）：47-56.

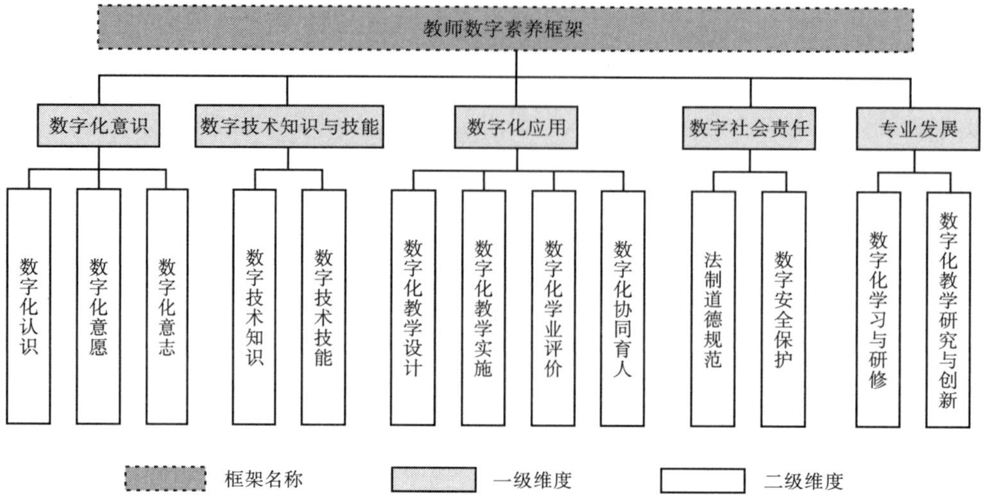

图 5.1.1　教师数字素养框架

学过程会产生教学理论、教学模式、教学方法方面的创新要求（数字化认识）；主动了解数字教材资源的功能作用，有在教育教学中使用的愿望，具备愿意开展基于数字教材的教育教学创新实践的主动性和意愿（数字化意愿）；能够战胜教育数字化实践中面临的数字技术资源使用、教学方法创新方面的困难与挑战，坚信并持续开展数字化教育教学实践探索（数字化意志）。

（二）数字技术知识与技能

数字技术知识与技能是指教师在日常教育教学活动中应了解的数字技术知识与需要掌握的数字技术技能。它是教师实现数字技术与教育教学深度融合的基本要求。

数字教材的技术属性主要表现在多媒体内容呈现和相关功能上，而且随着技术的发展而变化。目前常见的数字教材技术属性主要包括多媒体化和虚拟化的内容呈现，支持教学活动的交互功能，能够与其他资源关联对接，适用于多种终端和平台的应用，学科工具包和书签、笔记等辅助功能的整合，以及采集用户阅读和使用数据实现教与学过程智能化的功能等。教师不仅需要了解这些常见的数字技术，如多媒体、互联网、大数据、虚拟现实、人工智能的内涵特征及其解决问题的程序和方法（数字技术知识）；还应从课堂应用需求出发，熟练掌握操作数字教材相关的设备、软件、平台以及学科工具软件的方法（数字技术技能）；掌握解决常见问题，以及根据具体教育教学的需求选择数字化设备、软件、平台的原则与方法（数字技术资源的选择策略）。数字教材的技术属性以促进教学效果和效率提升为目的，并能够支持信息化教学环境中的有效教学策略。教师的数字技术知识与技能是教师顺利开展数字教材教育教学实践的基础。

（三）数字化应用

数字化应用是指教师应用数字技术资源开展教育教学活动的能力，服务于教学设计、教学实施、学业评价与协同育人等教育教学全流程。

数字化应用是教师实现数字化教育教学的核心要素。选择适合的数字技术并在学科教学实践中应用，是教师数字素养的重要内涵和核心体现。提升教师资源应用和信息化教学能力不仅能够提高教学效率，也能改善教学效果，提升教学质量。

依托数字教材及教学支撑平台等数字技术资源，教师在数字化应用维度的素养主要有：能够运用数字教材中的评价工具对学生的知识准备、预习情况、学习能力、学习风格等学习情况进行分析；选择、管理数字教材资源，并根据教学需要制作生成相应的教学课件；能够依据教学目标，设计融合数字教材的教学活动，创设混合学习环境（数字化教学设计）利用数字教材资源支持教学活动组织与管理，提升学生的参与度和交流主动性；能够使用数字教材实时收集学生的反馈信息，优化教学流程，发现学生的学习差异，开展针对性指导（数字化教学实施）以数字教材环境提供的数据采集功能，积累和管理学业评价数据，应用适合学科素养培养的数据分析模型进行学业数据分析，呈现学业数据分析结果并进行合理解释，（数字化学业评价）在数字教材的应用中，能够指导学生使用数字教材支持学习，注重培养学生的计算思维和数字社会责任感；利用德育、心理健康教育等主题的数字教材资源，拓宽德育途径，开展多种形式的心理健康教育活动。（数字化协同育人）

新一代的信息技术为教学带来了更多可能性，教学逐渐呈现出多元化的特征，涌现出素养导向的个性化学习、翻转课堂、数据驱动的精准教学、跨学科主题式教学、AI 赋能的自适应性学习、虚实结合的情景化教学等，教师数字化应用不再是单一的工具和环境应用，也不是单一技术应用能力与整合能力的简单叠加，而是一种适应数字化教学环境、面向核心素养培养的融入式的能力重组。

教师要提升自身数字化教育教学应用水平，必须以教育教学全过程的实际需要为出发点，充分发掘并利用优质数字教育资源，将数字技术资源融入教学设计、环境创设以及学业评价中，优化教学流程，提升课堂活力，实现学生自主、探究、协作学习。[①]

（四）数字社会责任

数字社会责任是指教师在数字化活动中的道德修养和行为规范方面的责任，包括法治道德规范、数字安全保护等，这是数字素养和技能中非常重要的一个维度。

教师应遵守与数字化活动相关的法律法规和道德伦理规范。依法规范上网，遵循正当必要、知情同意、目的明确、安全保障的原则；使用数字教材的产品和服务，在资源的制作、传播和应用过程中尊重知识产权；注重学生身心健康，利用网络传播正能量，维护积极健康的网络环境。（法治道德规范）在数字教材系统中，做好教师个人和班级学生信息与隐私数据的管理与保护；用于教研或合作交流等目的的数据在进行收集、存储、使用、传播时，要注重数据传播的范围、并对隐私数据进行脱敏处理；维护工作数据安全和注重网络安全防护。（即数字安全保护）

除了教师个人要负起在数字安全防护方面的责任，教育主管部门和学校也需要遵循技术伦理，运用法律、监管、技术等多种手段，保护个人隐私和知识产权，维护信息安全，建立多层面保障机制，为师生提供安全、绿色的数字化学习环境。在市、区（县）层面，需要提升教育专网的安全保障能力；在学校层面，需要结合学校实际采用多种形式开展网络安全宣传，普及基本的网络安全知识，进一步增强师生的网络安全防范意识，提升识别和应对网络危险的基本能力，培养教师和学生的数字社会责任。

---

① 吴砥，陈敏．教师数字素养：教育数字化转型背景下的教师发展重点［J］．中国信息技术教育，2023（5）：4–7.

（五）专业发展

专业发展是指教师利用数字技术资源促进自身及共同体专业发展的能力，包括数字化学习与研修、数字化教学研究与创新。

数字教材的应用是有效支持教师开展数字化创新应用与实践的重要保障。教师应具备利用数字教材进行教育教学知识技能学习与分享、推动教学实践反思与改进的能力（数字化学习与研修），包括利用数字教材资源持续学习、利用数字教材资源支持反思与改进，以及参与或主持数字教材应用创新等主题的网络研修。教师应具备围绕数字教材应用创新等相关问题开展教学研究、利用数字教材资源实现教学创新的能力（数字化教学研究与创新），包括开展数字化教学研究，利用数字教材资源不断创新教学模式、改进教学活动、转变学生的学习方式。

三、数字教材为教师专业发展赋能

（一）数字教材环境下教师专业发展的“双核要素”

信息技术与教育教学的深度融合正在触发教师角色的转型，教师的能力标准将被重新定义，数字素养与学科能力已成为教师素养的“双核要素”。因此，教师必须不断接受新知识、转变旧观念、增长专业能力，提高数字素养与学科能力。

整合技术的学科教学知识（Technological Pedagogical and Content Knowledge，简称为 TPACK）框架，为教师提供了一套技术整合学科教学的理念和方法，也为我们分析数字教材环境下，如何提升教师的数字素养与学科能力“双核要素”，促进教师专业发展提供了理论指导框架。

TPACK 是一种“整合技术的教师知识框架”，是学科内容、教学法和技术这三种知识要素之间的复杂互动，是整合了这三种知识以后形成的一种新知识形式。[①] TPACK 框架及其知识要素如图 5.1.2 所示。

① 何克抗 .TPACK：美国“信息技术与课程整合”途径与方法研究的新发展（下）［J］. 电化教育研究，2012（6）：47-56.

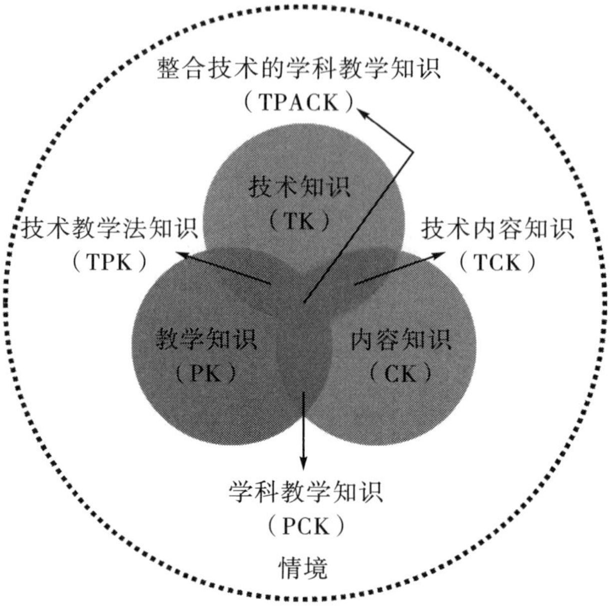

图 5.1.2 TPACK 框架及其知识要素

学科内容、教学法和技术这三个要素之间相互作用，形成四种新知识，即学科教学知识（PCK）、技术内容知识（TCK）、技术教学法知识（TPK）和整合技术的学科教学知识（TPACK）。学科教学知识（PCK）是指适用于具体学科内容教学的教学法知识。技术内容知识（TCK）是指教师的数字化教育资源和环境应用能力。技术教学法知识（TPK）是指当有具体技术应用于"教与学"过程的条件下，"教与学"应如何有效开展的知识（包括对相关技术工具可提供哪些教学功能以及对这些功能的适用性及局限性的了解）。

数字教材及其应用平台拥有海量优质专业化的课程核心资源，并对翻转课堂、主题探究、问题解决等新型的教学应用模式提供了全面的支撑。教育工作者如何用好平台、用好技术、用好数据去解决教育教学的问题是人才培养发挥作用的关键。尤佳鑫等学者将 TPACK 中的"技术"（Technology）定位于数字教材，TPACK 框架中的 TK 用"基于数字教材的 TK"代替，将其定义为教师在数字教材使用方面的技术知识。[①] 在此基础上，他们探究影响教师 TPACK

① 尤佳鑫，孙众，宋伟. 数字教材的技术接受度与教师 TPACK 能力的相关分析：基于结构方程模型的实证研究［J］. 电化教育研究，2014（11）：102–108.

的因素，从而帮助教师和教育工作者发现提升数字教材环境中教师 TPACK 能力的方法。研究发现，在数字教材环境下，教师的技术接受度与 TPACK 存在间接的正向作用。教师对于技术的感知可用程度（PU）提高，其 TPK 会相应提高；感知易用程度（PEOU）提高，其 TK 会相应提升，从而间接影响其 TPACK 水平。[①] 因此，对于使用数字教材进行教学的教师来说，提高对数字教材的使用期望和信心以及建立对数字教材这项技术的正确认识是十分重要的。这也属于教师数字素养框架里数字化意识、数字技术知识技能维度的内容。

（二）数字教材赋能教师专业发展

数字教材作为一种新型的资源形态和数字化教学环境，可以从资源、平台、应用环境等多方面为教师的专业发展，特别是数字化教学能力的发展提供支持。

1. 数字教材在教师专业发展中发挥基础性资源支撑作用

优质数字教育资源是学与教变革的基础。纸质教材是依据课程标准编写的教学与学习基本用书，是课程标准的具体化，是教师进行教学的基本依据，也是学生获取知识、发展能力的基础载体。数字教材在教育信息化环境下，理应起到与纸质教材在传统教学中类似的基础性、示范性作用，为学生和教师提供能满足学习和教学基本需求的基础资源和基础服务，有效提升师生信息化素养，推动教育信息化常态化应用。因此，在信息化教学环境中，数字教材是开展教学的核心资源。[②]

数字教材在教师专业发展中发挥着基础性资源支撑作用。教师不是“教教材”，而是“用教材教”。数字教材在纸质教材的基础上不仅提供体系化、特色化、差异化的资源，还能支持教师根据教学的需要对教材内容进行二次开发，满足学生的素养提升和个性化学习需求。资源建设是教师成长的重要组成部分，也是名师养成的直接影响因素。从某种意义上说，教师专业发展的成长路径就是他们从基于教材到超越教材，整合各方资源，为学生成长提供无限可能的过程。

① 尤佳鑫，孙众，宋伟 . 数字教材的技术接受度与教师 TPACK 能力的相关分析：基于结构方程模型的实证研究［J］. 电化教育研究，2014（11）：102–108.

② 王志刚 . 优质数字教育资源：学与教变革的基础［J］. 中国电化教育，2014（11）：7–9.

2. 数字教材为教师提供新课改探索实践的平台和环境

数字教材的应用不仅为课堂教学提供了更为丰富的资源和互动功能，还为新课程改革背景下的课程与教学创新改革提供了重要的支撑和引领作用。站在新的历史起点，聚焦新时代人才培养的新需求，数字教材被赋予了新的使命。数字教材不仅是信息时代发展的必然产物，更是信息技术与教育教学深度融合的关键因素，是信息化课程与教学改革及育人方式变革的关键环节，是推进教育现代化的重要抓手。①

在《义务教育课程方案和课程标准（2022年版）》对课程教材的编写建议中，对数字化教材资源的开发和使用提出了具体的要求，强调教材编写要有利于师生运用多种媒介和信息技术呈现学习内容，积极探索信息化环境下的教学变革，发挥传统纸质教材和线上学习资源各自的优势，例如在《义务教育地理课程标准（2022年版）》中提出“尝试研制与信息技术深度融合的新型教科书”，因此教科书编写者要重视现代信息技术的应用。地理课程内容的直观性要求，使得信息技术手段在地理教学中大有用武之地。教科书编写者应配合传统的纸质教科书，选择丰富多样的数字地图、音频和视频资源、数据可视化图，实现纸质教科书数字化，促使地理教学更直观、生动，提升学生的学习兴趣和学习效果。

将数字技术融入中小学教材体系，既是新课程标准提出的要求，也是教育数字化战略的必要组成部分。中小学数字教材承担着信息环境下落实“立德树人”教育根本任务、保障和促进教育公平的重要功能，体现了教材建设的时代特征，也是教材现代化的重要指标。

数字教材为教师提供了新课改探索实践的平台和环境。教师教学理念和育人目标的转变是数字教材应用取得成效的关键。数字教材应用不是在传统教学模式中引入一种新的资源，而是需要基于教学理念的转变，将数字教材作为关键变革要素，构建新型教学模式。教师在新的课程方案和课程标准、新的教育教学理念指引下，关注学习过程和教学创新，在数字教材环境支撑下实现教学流程再造和教学模式创新，在新课程改革的实践中实现个人的专业成长。

① 袁华莉，王珺燕，李如意．我国中小学数字教材应用现状调研及建议［J］．中小学数字化教学，2020（7）：13-17.

第二节　数字教材应用促进教师专业发展的有效途径

教师是立教之本、兴教之源。数字教材作为优质数字教育资源的典型代表，已经成为被普遍认可的教材新形态，其促进教育均衡发展和提升教育质量的作用已经逐步显现。在数字教材规模化应用推进过程中，教师专业发展与数字教材融合应用形成了双向赋能的机制，拓展和深化了教育信息化推动教师专业发展的内涵和途径。

一、教研和培训是数字教材促进教师专业发展的基本途径

在学习型社会和新课程改革背景下，教师专业发展成为信息时代教育改革的重要课题之一。教师专业发展途径主要包括个人的学习、教师培训、校本研修、专项比赛和成果征集、教育科学研究。其中，教研和培训是数字教材促进教师专业发展的基本途径。在新课程改革和数字化转型的背景下，面向数字教材应用和创新的培训与教研也表现出丰富的时代特征和新型的组织形式。

（一）个人的学习

教师需要进行个人的学习。有学者认为，教师本身的学科知识直接影响着教师的教学内容，进而影响学生的学习，因为几乎所有的学科教学活动都是以学科知识为载体来发展学生的能力和素养的。[①]具体而言，教师专业学习的内容应该聚焦学科内容及其教学策略，包括特定学科课程的开发和教学。

研读教材是教师个人学习的重要方式，也是新的课程方案和课程标准提出的具体要求。教师应在正确解读课程标准理念和要求的基础上，注重整合性和创造性，充分研读教材、用好教材。

教师要树立终身学习的理念，不断提升专业素养。中小学教师要不断提升信息素养，合理利用网络资源，将学科教学的传统经验和现代信息技术有机结合，不断探索学科教学和信息技术深度融合的方式方法。以学科教学内容为核

---

① 李海刚，王磊．基于有效的教师专业发展的教师研修：来自《有效的教师专业发展》报告的启示［J］．基础教育课程，2020（24）：74–80.

心和载体的教师学习活动，应该与教育教学实践情境结合起来。基于具体教学实践情境进行感触、体验、反思，并在此过程中不断积累实践性知识。

反思是教师自我发展的重要机制，培养教师的反思能力是促进教师专业发展的重要途径。实践性知识的获取主要源自教师自身实践过程中的不断反思与总结，是教师实践经验的提炼。教师自己建构的指向实践的知识，不但为教师应对工作中的复杂情境提供了武器，更有助于彰显教师的个性特点，充分发挥创造性，不断激发教师自主发展的意识，形成自主发展的能力。

（二）教师培训

教师培训是落实课程改革要求、提升育人质量的关键。教师培训要从新时代教育变革的总体方向和要求出发，依据课改理念，精心设计培训内容。要强调课程的素养导向和育人价值，明确课程标准中核心素养、课程目标、课程内容、课程实施、学业质量等部分的内在联系。培训内容的设计应着眼新理念，强化整体性，突出关键点，注重实践性，将整体把握结构化课程内容体系、单元整体教学、跨学科主题学习、基于核心素养的学业质量标准与考试评价等作为培训的重要内容和关键问题，并结合典型案例对数字教材教学中的重点、难点进行解析等。

培训要关注人工智能、大数据等新兴数字技术，依托数字教材的应用，提升教师“双核”素养，增强培训内容的时代性。数字教材是教育信息化的重要载体，用数字教材进行教学，关键在于教师。以广西为例，在对教师开展数字教材应用培训时，各级教育部门高度配合，培训工作分层展开，对各级行政管理人员、技术支持人员、教学教研人员进行分层分批培训。经过培训，孵化出了一批本土的数字教材应用专家。借助名师使用数字教材的教学示范，为全区教师应用数字教材提供了参考和借鉴，提高了全区骨干教师数字教材应用水平，推动广西教育教学信息化的发展。[①]

在教师培训中采用多种方式，增强培训效果。各级培训要根据学科特点和教师发展需要确定培训目标，精心选择培训内容，开拓培训思路，创新培训方

① 黄艳兰，黄永和，陈桂军，等.教育信息化背景下中小学数字教材规模化应用与展望：以广西壮族自治区为例［J］.广西教育，2021（16）：33-36.

式。要运用研究型、案例式、参与式、体验式等培训方式加强培训者与被培训者的互动，采用专家报告与案例研究相结合、集体学习与自我研修相结合等多种方式，提高培训的针对性和实效性。要充分利用现代信息技术优势对教师培训的支持和服务功能，整合培训资源，增强培训效果，扩大培训的受益面。

（三）校本研修

校本研修是促进教师专业发展的重要方式之一。校本研修是学校立足自身发展的实际，以改进实践为目的，以问题探究为核心，依托学校资源，以合作研习为形式的研训一体化实践活动。在校本研修过程中，学校是教师学习的主战场、是教师自身专业成长的基地，研修活动为教师的可持续发展提供广阔平台。学校可以依托网络平台，搭建“研、培、用”一体化教师专业发展平台，如“教师研修空间”“教师工作坊”等，开发和引进系列名师课堂和特色数字教育资源，建设一批特色校本教师教育网络课程，服务于本校教师的专业发展。

专家指导在教师教研活动中起到积极的促进作用。在校本研修过程中，要发挥专家的引领作用。专家与教师开展协作，通过磨课打造优质教学课例。专家的指导或支持可以帮助教师在工作情境中获得一对一的针对性指导。专家可以由不同背景的人员来担任，包括经过专业训练的卓越教师、教学领导、研究人员和大学教师等。在专家的引领下，形成一批具有信息化领导力和先进教学理念的教师教研团队，打造具有学校本土特色的课程资源和应用模式。专家团队的组成可以根据学校整体工作推进的阶段和教师专业化的发展需求来进行动态调整。整体的愿景是校内教师在各类专家的引领下，经过实践与探索，逐步成长为专家型或教育家型教师。

（四）专项比赛和成果征集

中小学教师参加公开课、教学技能比赛、教学设计比赛等各种类型的专项比赛和教学资源、教学案例、教研论文等成果征集活动，是促进自身专业发展的有效途径。相比观摩式教研，承担公开课展示的主体式参与更能促进教师专业发展。备赛参赛的过程对选手的专业发展起到了短期强化的作用，而要对教师专业发展产生长期影响，还需借助其他发展平台和对专业持续发展的自觉追求。

在区域和学校层面，积极组织相关活动，也成为推动教师专业能力提升、形成体系化特色资源、助推教育高质量发展的重要举措。广西在推进数字教材规模化应用中以赛促用，在开展培训和示范校建设基础上，引入竞争机制，有效调动义务教育阶段教师使用数字教材开展课堂教学的积极性。在全区中小学信息技术与学科教学深度融合优秀课例展示观摩评选活动中，设立义务教育阶段国家课程数字教材及应用服务项目专场赛事，现场展示示范课，鼓励全区教师运用数字教材及资源开展课堂教学。通过论文及优质课例评选等活动，搭建教师教学技能展示平台，充分展示教师应用成果，全面提升数字化教学影响力。[①]

（五）教育科学研究

教师专业素养的提升，离不开教师科研能力的培养和增强。教育科学研究是教师专业成长的需要，是教育教学工作由“经验型”转向“科研型”的关键路径。2019 年 10 月，《教育部关于加强新时代教育科学研究工作的意见》中指出，教育科学研究是教育事业的重要组成部分，对教育改革发展具有重要的支撑、驱动和引领作用。要充分发挥地方和学校在教育科研中的实践主体作用，鼓励结合实际开展教育改革实验。鼓励支持中小学教师增强科研意识，积极参与教育教学研究活动，不断深化对教育教学改革的规律性认识，探索适应新时代要求教书育人的有效方式和途径，推进素质教育发展。

科研活动有助于教师自觉接近理论前沿，更新老化的知识结构，克服自身经验的局限，从传统的讲授者层次提升到专业学术的研究层次，成为睿智博学、能开拓孩子眼光和境界的研究型、专家型教师。

中小学教育科研必须立足于一线教育问题。中小学教师从事的工作是基础教育阶段的教育工作，其科研对象一定要与自己所从事的教育领域相关，科研内容主要包括教材教法、课堂师生、教育规律、教育环境、教育管理等。[②] 一线的中小学教师要增强科学研究意识，结合实际问题学习教育理论，不断提升自己的教育教学水平，这也是新课程改革从教学和科研两个方面共同打造当代卓越教师的意义所在。

---

① 陈桂军，魏莹莹，黄艳兰 . 以数字教材规模化应用引领广西教育信息化创新发展［J］. 中小学数字化教学，2021（9）：78-82.

② 楚爱华，王振丹 . 走出中小学教育科研焦虑［J］. 小学教学研究，2021（36）：1.

二、区域数字教材的规模化应用促进教师专业发展

国家和地方教育主管部门高度重视义务教育阶段的数字教材研发、标准化和应用推广等。随着我国中小学数字教材产品种类日益丰富、供给能力的不断增强和服务水平的不断提高，数字教材的应用范围持续扩大。早在 2013 年，上海市便启动了“上海市中小学数字教材建设实验”项目。“十三五”期间，上海、广东、天津、广西等地均启动实施了省级的规模化应用实践，例如“广东省义务教育阶段国家课程数字教材规模化应用全覆盖工程”“广西义务教育数字教材规模化应用试点示范”等项目。进入“十四五”阶段，数字教材规模化应用的范围迅速扩大。河南省启动实施“河南省中小学数字教材规模化应用”项目，全力推动河南省数字教材规模化、常态化应用，打造具有河南特色的基础教育资源建设模式。2023 年 4 月，西藏自治区义务教育国家课程数字教材规模化应用工作启动，将在西藏教育珠峰旗云平台上构建国家课程数字教材服务体系，实现国家课程数字教材对一至九年级教师全覆盖，以教育数字化赋能引领西藏教育高质量发展。

各地数字教材的规模化应用，可以满足教师利用数字教材和优质数字教育资源开展常态化教育教学的需求，促进教育教学与信息技术深度融合，提升教师信息技术能力和素养，推动区域义务教育优质均衡发展，帮助促进教师专业发展方面积累宝贵的经验，形成可以用于示范引领和应用推广的模式。

第三节　依托数字教材开展信息化课题研究

教育科学研究是教育事业的重要组成部分，对教育改革发展具有重要的支撑、驱动和引领作用。要充分发挥地方和学校在教育科研中的实践主体作用，鼓励结合实际开展教育改革实验。

课堂就是教师专业发展的主要阵地，也是教师课题研究的主要对象。课题是指要研究、解决的问题。课题研究是具有明确的“问题”的研究，具有明确的研究目标、清晰的研究思路、科学的研究方法和先进的理论指导。课题研究遵循教育教学的基本规律，着眼于探索某个“问题”的特殊规律，获得规律性认识并进而构建出解决问题的策略和方式，以指导实践，提高实践水平。

本书关注的课题研究，主要是利用智慧课堂和数字教材开展智慧环境下的教学创新应用，探索启发式、探究式、合作式、个性化等教学模式创新，改进课堂教学结构和流程，转变教与学的方式，形成智慧环境下教学创新的应用模式、基于数字教材的应用模式，推进网络学习空间“人人通”，逐步形成规模化、常态化应用，并依托教师的研修，构建多形式、多途径的教师发展模式，提升新时代下教师的教学能力，促进教学质量的提高。

一、课题的选择

（一）课题的来源

课题的来源主要有教育实践和教育理论两个领域，教师具有丰富的教育实践经验，教育实践过程中遇到的问题都有可能被提炼成为课题，因此教师应多关注自己的教学实践过程，善于从教学实践中发现研究课题。具体来说，可以从以下几个方面来寻找和发掘研究课题。

1. 从教学实际问题中选择课题

所有的教育科研都是从发现问题、提出问题开始的，因此，课题选择需要从实际出发，从问题出发，从日常的教学实践出发。教育的最终目的就是提高教育质量，为社会培养所需的人才，所以教师必须以课堂教学为重点，将课题研究与课堂教学实践相结合，从教学实际亟待解决的诸多问题中选择适合自己学科特点和能力水平的课题，不断提高自己的教学水平和研究能力。

选题方向以教学应用为主，如“数字资源在初中英语教学中的应用研究”“基于数字教材的初中历史情境教学模式的实践研究”“基于数字教材的初中课堂教学模式建构与实践的研究”“基于数字教材应用促进小学英语智慧课堂建构的实践研究”等。

2. 在学习中发现问题，选择课题

他山之石，可以攻玉。中小学教师可以在研读各种教育刊物、参加学术讲座、参加国家、省、市、区（县）培训以及学术论文交流活动之中，对所获取的新知识、实践中的问题及改进教学的方式进行反思，激发灵感。在提倡原创性研究的同时，一线教师也可以根据已经发表过的论文和研究过程，进行一些验证性的、重复性的课题研究，在已经形成的研究流程中提取问题、观点并进行论证。通过提高模仿的层次也可以带动研究层次和研究能力的提高。

3. 从困难中发掘课题

教育科研最迫切的任务之一就是要研究教育实践中亟待解决的问题，特别是普遍、关键的问题，这些问题恰恰在理论上还没有得到解答。一线教师在教育实践中经常会遇到各种问题，有些问题具有独特性，而有些问题具有一定的普遍性。解决了独特性问题，会形成对个案的研究；解决了普遍性问题，能够推而广之，大幅度提升教育教学质量。所以将问题作为课题，认真加以研究和探索，会取得很大实效。

4. 从国家、省、市、区（县）课题指南中选择课题

依据教育政策及上级下达的课题指南，结合自己的教学实际进行课题选择，也是中小学教师做教育科研的切入点之一。课题指南是课题申报通知中对课题研究方向的指导，教师可以根据课题指南确定课题研究主题和方向。一般只有重点课题有研究指南，重点课题通常是由课题立项委员会评判出来的，属于意义比较重大的课题。所选择的研究内容在省、市区域内有一定影响，是在一定时期内对教育发展起决定作用的课题。教师可以从国家、地方教科所，各级教育学会，省、市、区（县）教研室提供的教育教学课题指南中确定自己要研究的课题。

5. 从教育改革中寻找课题

随着信息技术的发展，教育早已步入信息化时代，基础教育的方方面面都在发生着变化。第一，基础教育的培养目标由最初的“两基、两全、两重”发展到“知识与技能、过程与方法、情感态度与价值观”的三维目标，再到“中国学生核心素养”，目标不断进行着变革。第二，教学结构从“以教师为中心”

的模式发展到“以学生为中心”的模式，再到“教师主导，学生主体”的模式，师生关系发生着变化。第三，教学理论从“行为主义”发展到“认知主义”，再到“建构主义”，理论发生着变化。第四，教学方法从最初的讲授法，逐渐发展为基于“问题”的教学方法、以“项目”为中心的教学方法、以“任务”为中心的教学方法，教学方法发生着变化。第五，教学形式在传统课堂面对面传授的基础上，增加了微课、慕课、创客等相关内容。不难看出，只要不断关注教育发展与教育改革，就能够从中发现所要研究的课题。

6. 从教学经验中发现课题

努力学习和研究古今中外的教学经验，借鉴和汲取别人在教育、教学实践中积累的成功经验。“古为今用，洋为中用，他为我用”，教师可以从成功经验中提炼出研究课题。从自身来讲，中小学教师在实践中积累了丰富的教学经验，这些经验来自教学过程中的点点滴滴，具有碎片化的特征，如果没有得到及时总结，便如过眼云烟般很快被遗忘，难以得到提炼、运用和推广。俗话说得好，“好记性不如烂笔头”，只有随时随地用各种方法进行记录并加以总结，才能揭示经验背后的规律。中小学教师基于教学经验进行课题研究，既可对同行的经验加以验证，也可以将自己的经验进行归纳、整理，去粗取精，使之条理化。

（二）课题的研究价值

1. 课题是否值得研究

中小学教学实践过程中，在众多问题中筛选研究课题时，必须衡量该课题的研究价值，明确研究的意义，如该课题是否值得花费时间和精力、耗费大量的资源进行研究、能否取得自己满意的结果等。除此之外，还要不断地考量该问题是否重要，该问题的解决对改善教学实践是否有现实意义，该问题的解决对该领域知识的探索或理论的推进是否有作用，该问题与其他问题有什么联系，该问题的解决能不能给其他问题提供重要启示等。所有的思考都应围绕该问题的理论价值、实践价值、创新价值三方面进行。

2. 课题是否有创新性

一般来说，中小学教师在选择研究的课题时，为了使所选的课题更具有研究价值和意义，一般都会绞尽脑汁出奇招。从现有的中外教育理论体系中挖掘课题方向，是提高课题价值的不错选择。通过阅读大量的期刊、文献，对课题进行筛选和对比分析，发现问题，填补空白，揭示矛盾；从不同理论、观点和流派的争议中寻找答案；努力选择那些针对性强、时代感鲜明的课题，尽量使该课题的研究与信息技术时代的理论、实践以及课程改革同步，甚至可以领先潮流。在教育理论和方法上提出不同见解，认真辨析和验证，在差异中求同，在同一中求异，不断开拓创新、不断发展。

3. 课题对改革有没有贡献

教育改革和发展呼唤着教育科研，是整个教育科研的主旋律。一个课题是否有研究价值，还要看是否与国家的教育政策一致。例如，从国家下发的《国家教育事业发展“十三五”规划》《国家中长期教育改革和发展规划纲要（2010—2020年）》，以及各省市对应实施的“规划”与“纲要”中发现问题，进行研究。除此之外，为了选择一个良好的课题并达到一定的境界，还可以借鉴各省市已经公布的各种课题，从中得到灵感。

（三）选择研究课题时应遵循的原则

1. 理论与实践相结合的原则

由于中小学教学的特殊性，当前很多研究都是基于纯实践的，旨在直接解决教育中的实际问题，但缺少理论的支撑。这会导致选题过于平淡，无法触及具有前沿性和挑战性的研究领域。把理论和学术问题转变为单纯的技术性或应用性的问题，虽然具有实际意义，但是很难让教师得到提升。因此，中小学教师在确定课题的过程中要注意将实践材料和理论基础相结合，要广泛涉猎相关基础知识，把实践性的课题立意于大量的基础理论之上，这样才能显现出研究者应有的理论功底和学术水平，也能使富有实践意义的应用性研究彰显出应有的理论价值。

2. 创新性原则

创新是课题的灵魂，但是不能为了求“新”而不求“是”，课题中提出的新见解、新论断、新方法必须是能够经得起反复的实践检验和理论推敲的，不能够选择那些“假、大、空”的课题。课题的创新主要包括理论创新和方法创新。理论创新需要系统的理论基础和理论研究；方法创新又包括工具创新和手段创新。所谓工具创新，就是运用别人未曾使用的新工具研究课题，这些工具既可以是硬件，也可以是软件，还可以是自己独创的教具；手段创新是指针对某课题的研究采用了别人从未使用过的独特方法或者开启了全新视角。在选题的过程中，只有对问题进行创新性的思考和研究，才能不断取得突破。

3. 可行性原则

课题必须是可行的，不能选择那些做不下去的课题进行研究。选择课题需要注意以下几点。第一，课题必须大小适中。课题太大，不容易驾驭，难以挖掘出研究问题的深度；课题太小，三言两语就能解决，缺乏研究价值。第二，把握好课题研究的进度。对于国家级课题、省部级课题及校级课题等，不同课题完成的时限要求是不同的，研究者可以根据课题的研究难度申请不同的时限。总体来讲，用于课题实际研究的时间其实并不是很长，一定要对研究进度进行合理规划。第三，课题研究质量要有保证。课题质量是研究者保持研究生命力的重中之重，高质量的研究产生高质量的成果，低质量的研究产生学术垃圾。选择课题时应该脚踏实地，不能不切实际地提高选题难度，也不能闭门造车做研究。注意以上问题才能确保课题研究行之有法、行之有效。

4. 以微型课题为主的原则

微型课题为教师的教学实践提供有益的指导。中小学教师要做实践研究，将自己塑造成教学研究的实践者，可以从微型课题着手。微型课题为教师提供了一种教育科研的基本范式，在此基础上，教师可以进一步提升研究问题的深度和广度，使研究逐渐走向宏观层面，研究范围从日常的课程教学实践拓展到整个教育领域。

（四）将问题转化为课题研究需要具备的条件

问题是教育研究的课题来源，但并不是教育中的所有问题都可以成为研究课题。问题要成为研究课题，首先要具备三个前提条件，在此基础上才能进行后续的转化，三个条件及转化途径如下。

1. 问题转化的三个条件

（1）研究是否具有必要性

问题要成为课题，必须具有研究的必要性。在很大程度上，研究对象的代表性和普遍性能够反映问题的研究价值，也就是研究的必要性。研究对象具有一定的代表性，才能够为同类研究对象的同类问题提供事实、经验或教训，提供既定的实践或研究基础。

（2）研究是否有保障

一般来讲，研究课题的保障就是人力、财力、物力、信息、时间和研究工具，以及前期对该问题的研究积累。中小学教师要避免求大、求全，以防出现研究课题与本校研究队伍、个人能力、研究条件不匹配的情况。

（3）用一种或几种方法可否获得明确结论

有些宏大的问题尽管意义深远，但研究内容不明确，无法用科学的方法来揭示答案，例如，“中国基础教育阶段学生培养模式”“基础教育立法与教育规划之间的协同关系”等只是待研究的问题，而不是课题。我们要研究的是基于明确的理论基础、具有现实意义的问题，这样才能将问题转化为通过研究能够获得明确结论和成效的课题。

2. 问题转化的途径

（1）具备将问题转化为可研究课题的能力

将问题转化为可研究课题的能力，是教师必须具备的关键能力。日常教学过程中提出的一些问题，通常不能直接拿来作为课题进行研究。因为这些问题使用的是生活化、口语化的语言，无法明确表达其背后的研究意义与研究价值。“为什么”固然重要，但是“如何发问”也同样重要。从问题到课题需要一个转换过程，一个从不符合科学规范的口语转换成为有深层次含义的科学用语的过程，转换效果与研究者的理论体系、实践经验、知识素养有很大的关系，其中，研究者的研究能力是转化的关键。

（2）在问题解决中推进课题的产生

中小学教学实践中有很多的问题需要解决，在布置工作任务和活动的过程中，如果人们不断地对该项工作或任务的正确性、合理性和有效性进行反思，或者对预期效果有所疑虑，需要进行验证时，就可以将其转化为课题来研究。例如，有些学校每年都会举办“校园文化艺术节”或者“国学进校园”活动，活动过程中有些教师可能会产生这样的疑惑：放着好好的课不上，花费时间在这些课外活动上，会不会影响到学生的学习，对学生的成长有没有帮助呢？学生通过组织或参加该类活动能够锻炼综合能力，但究竟是哪方面的能力能够得到锻炼呢？还有一些教师认可活动组织的价值，但是如何精简活动，使其既可以提高学生的综合素质，又能节省时间呢？为了解决以上问题，可以围绕活动主题，根据校情和学情开展“校园文化艺术节”或者“国学进校园”活动的可行性研究、从属于主活动的分支活动的有效性研究、学生综合素质培养的方法研究等。

（3）变“锤子”课题为“锥子”课题

锤子和锥子最大的区别就是截面不同，这就导致它们对客体施加影响的面积大小和深度都不同。“锤子”课题是指题目大、研究内容多的课题；“锥子”课题是指研究内容具体、深入的课题。有些教师贪多、求大，研究都是浅尝辄止，在预期的时限内完不成研究，这就没什么价值。而有些教师长年在一个点上做有深度的研究，通过不断改进方法和手段，形成了对该问题的研究体系，就像是编织了一个围绕核心的关系网，久而久之，就把握住了事物或现象的本质和规律，凡是和该类问题相关的内涵和外延都能够信手拈来，也能够形成完整的成果体系。“学贵在专”，不仅仅是说给学生听的，对于广大一线教师来讲，也要重视“研贵在专”，这样才能保证研究的品质。

（4）由问题意识向科研意识转变

教师在专业成长中会经历由“新手教师”向“专家型教师”发展的不同阶段，每一个阶段遇到的问题都不相同。新手教师考虑较多的是如何开展课堂教学，用什么方法教学等问题。而专家型教师考虑较多的是如何因材施教，如何进行教育改革等问题。由问题意识向科研意识转变，需要教师跨越固化的教育科研思维的藩篱，以问题意识和思维为实践导向，采取积极的措施。如果教师放任问题的存在而不去探究、解决，便仅仅处于一种问题意识的状态，一定不会获得专业方面的成长。所以教师需要实现由问题意识到科研意识的转变，去反思问题、采取行动，进而解决问题、改进实践。教师不但需要意识到问题的存在，而且要对问题进行思考、解决，这就是教师的科研意识。具有科研意识的教师，能够遵循教育规律，将教育教学不断推向新的发展阶段。中小学教师要实现由问题意识到科研意识的转变，不仅需要反思，更需要行动，即主动去了解教育现象、分析教育问题、探索教育规律。

（五）选择优质的信息技术课题

在研究过程中，很多教师都会发现，问题很多，可以研究的课题也很多，但就是不知道哪个才是应该研究的优质课题。选择一个合适的课题是教育科研过程中最重要的一步，要本着宁缺毋滥的原则去打磨课题。教育科研不怕研究得慢，怕的是走错了方向，多些对课题的思考是值得的。爱因斯坦曾在《物理学的进化》中指出，提出一个问题往往比解决一个问题更重要。所以选题直接关系到研究的成败，课题选得好，研究起来事半功倍，反之则事倍功半。要选择优质的信息技术课题，需要考虑以下四点。

1. 抓住难点

中小学教师在信息化教学实践中会遇到一些实际问题，产生很多困惑，很多人都从不同层面对这些问题和困惑进行了研究。但由于学校不同、学生不同、环境不同，在教学中借鉴的一些前人成果不能完全解决问题。中小学教师可结合信息化教学中的问题，抓住症结所在，形成有价值的优质课题。

2. 挖掘亮点

“教学有法，但无定法，贵在得法”，每位教师都会在教学实践中积累一些独特的教学方法和成功的教学经验。例如浙江省温州中学名师谢作如，从传统学科教师到国内最早研究 Scratch 和 Arduino 课程的一线教师，被称为“中小学创客教育第一人”，谢作如老师对中小学教育的贡献主要体现在利用创客教育活动来培养学生的创新精神、创新思维和创新技能，实现了新科技与教学之间的平衡。谢作如老师参与了“机器人走进课堂”“多平台、跨学科、聚类化、重创造的中小学机器人教育研究”“基于 Arduino 的高中机器人课程建设研究”等项目，发表了《用数学知识设计一个镂空的花瓶》《创客教育和 STEM 教育关系之辨析》《可编程控制的提线木偶》《做一个灵小可复制的校园创客空间——以温州中学为例》等文章。创客教育本身就是基础教育学科体系中的亮点，再加上谢作如老师的教学智慧，更能提升教育科研的价值性。

3. 寻找空白点

空白点就是别人还没有研究过的选题。例如，可以在学科与学科之间，学段与学段之间，学校教育与家庭教育、社会教育之间的“边沿地带”“交叉地带”，结合数字教材的应用，寻找尚未解决的问题，确立研究的课题。

4. 关注热点

作为中小学教师，要有一双善于发现有意义的问题的眼睛，其前提之一是教师要对自己所从事的教学工作有较为深入的了解，并保持经常性的关注。教师要经常阅读与数字教育相关的学术期刊，浏览权威学科教育网站，参加一些与数字教育相关的学术活动，跨越校际的界限，多去听优秀教师的成果汇报等。这样做有助于深入了解国内外数字教育理论及实践现状，从而更好地进行研究。

二、课题研究的基本过程

（一）设计课题研究方案

一般来说，要按照以下思路设计课题研究方案。首先，梳理相关领域的研究背景；其次，在背景分析的基础上选择缺乏研究或者尚未完善的领域，提炼出新颖而富有实际意义的主题；再次，把主题分解为具体、明确、可操作的研究任务；最后，为完成任务制订符合实际情况的操作方法、步骤和手段。

研究课题的类型多种多样，其研究方法也各不相同。因此，研究方案也有不同的类型，但就其结构而言，课题方案的设计一般包括以下几个关键要素，如图 5.3.1 所示。

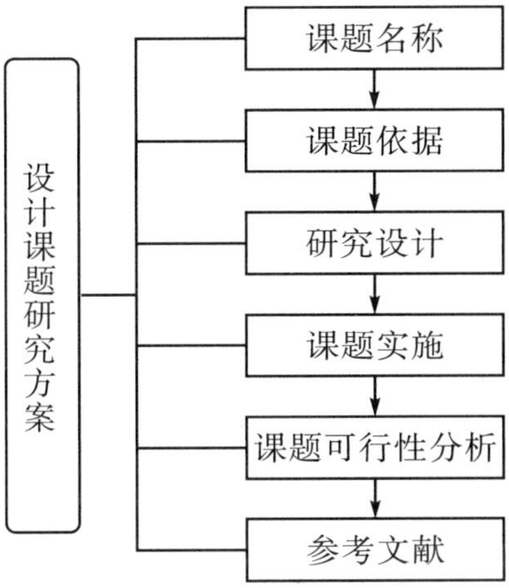

图 5.3.1 设计课题研究方案

1. 课题名称

课题名称反映的是对研究问题的认识是否清晰，界定是否准确。一个好的课题名称往往能激发评审专家和同行的兴趣。一个好的课题名称需要符合贴切、规范、新颖的要求。所谓贴切是指课题名称与研究内容要相一致，但不能贪多求全，要有深度和厚度，单刀直入，切中问题。题目要简洁明了，能反映研究课题的实质，让读者一目了然。所谓规范是指课题名称的表达要科学、合乎规范，疑问式、口号式或结论式的名称都不合乎规范，不宜采用。另外，一个好的课题名称还应新颖、独特，这样才能吸引读者的目光，留下深刻的印象。

2. 课题依据

课题依据包括课题界定、研究综述、研究意义、研究价值。课题界定要明确告诉读者"是什么"的问题，说明课题名称及相关概念的定义，如何运作和测量，指出依据的理论或观测的维度，使读者从宏观上掌握整个研究的内容。研究综述是对国内外相关研究的发展、现状、动向的综合评价。研究意义即课题研究成果在理论层面或实践层面，能够解决什么问题，或者起到什么作用。研究价值即课题研究成果给课堂教学、学校、区域乃至国家能够带来什么积极影响，或者产生什么实际效益。

3. 研究设计

课题的研究设计都是围绕问题切入和展开的，包括研究目标、研究内容、研究思路、研究方法、技术路线、拟创新点、预期成果形成等。

4. 课题实施

小组合作课题需要小组全体成员的共同努力和分工合作。人员分工是指依据每位小组成员的具体情况而合理安排研究任务。如果把整个课题研究分为前、中、后三期的话，前期研究的主要内容为选择课题和陈述假设，制定研究方案；中期研究的主要内容为实施研究、搜集资料，整理和分析资料；后期研究的主要内容为解释结果、总结研究成果。

5. 课题可行性分析

课题研究的可行性分析一般可以从以下两个方面进行：一是研究的基础，即已取得的与本课题相关的研究成果。二是研究的力量，包括研究小组各成员的知识储备、研究能力、学校方面的条件、实验条件等因素。

研究保障措施可以从研究设计的多方面进行阐述，比如人员保障、机制保障、经费保障等。

6. 参考文献

参考文献即在撰写研究方案中所用到的具有代表性的文献。

（二）研究小组的组建

组建合适的研究小组是科学研究活动成功的关键。在组建研究小组时，必须仔细考虑和权衡，既要强调成员之间的相互合作和帮助，也要强调小组成员的独立性和探索精神；既要全面考虑课题涉及的各个相关领域的专家学者，又要保证研究小组的规模合理。研究小组的规模是跟研究课题的大小相关的，当某个研究课题非常大时，就需要比较多的小组成员。

（三）研究过程的管理

从研究课题的选定、研究活动的开展与监控到研究成果的总结与发布，在整个课题的研究过程中，会有很多的资料以及阶段性的研究成果，管理好这些资料和阶段性成果，将有利于研究活动的有序开展，也有利于最终形成具有一定理论或实践价值的研究成果。

在课题的研究过程中，可以建立研究小组的电子研究档案袋，允许小组成员以多媒体的形式收集、组织档案袋的内容。可以让小组成员将搜集到的各种资源经过筛选后保存到相应的文件夹中，档案袋可以包含研究方案、课题资源、研究素材、成果总结和协作交流文件夹等，这样有利于小组成员养成良好的学习和研究习惯。研究小组的每个成员都会有很多的心得、体会，或者是对自己研究历程的反思，可以从研究过程的经验总结中提取一些成功或失败的经验，以便更好地指导后期研究活动的开展。

三、数字教材课题研究的基本方法

研究方法即科学研究采取的方法，它强调方法的研究性质，是人们从事科学认识活动的工具、技术、手段，包括在科学认识活动中采取的一系列程序、步骤、方案、计划、规则、标准等。

在信息化教育中，常用的研究方法主要有以下几种。

（一）调查研究法

调查研究法，是有目的、有计划、有系统地搜集有关研究对象的现实状况或历史状况的材料，借以发现问题、探索教育教学规律的一种方法。

按照调查对象的性质和调查工作的方式，调查研究法又可以分为访谈法、问卷调查法、个案调查法和文献调查法等，它们的特点如表 5.3.1 所示。

表 5.3.1　调查研究的方法

调查方法	定义	调查对象	特点
访谈法	访谈法是研究者通过与调查对象的直接对话来搜集事实材料的一种调查方法	社会成员中的个体或集体（如教师或学生）	调查者与调查对象做面对面的谈话，收集口述材料
问卷调查法	问卷调查法是研究者通过事先设计好的问题来获取有关信息和资料的一种方法	社会成员中的个体	调查者通过特别设计的问题表格，让调查对象做自填式的回答，收集作答资料

续表

调查方法	定义	调查对象	特点
个案调查法	个案调查法指采用各种方法，搜集有效、完整的资料，对单一对象进行深入细致研究的方法。个案调查法是教育研究中一种常用的研究方法	与某项事物有关的文件、档案及其他材料	调查者对文件、档案及其他已存材料进行考察与分析
文献调查法	文献调查法是指收集、鉴别、整理文献，并通过对文献的研究形成对事实的科学认识，从而了解教育现象的研究方法	与某项课题有关的，已有记载的文献、情报材料等	对已有记载的文献、情报材料的内容进行鉴别、整理、归纳

其中，问卷调查法和访谈调查法是常用的调查研究法。

1. 问卷调查法

问卷调查法是调查者运用统一设计的问卷向调查对象了解情况或征询意见的方法，问卷调查是抽样式的、标准化的、定量的书面调查。

2. 访谈调查法

访谈调查法是调查者通过访问或座谈的形式来了解情况，搜集客观事实材料的方法。

访谈调查法主要适用于以下几种情况。

（1）所需调查的问题比较复杂，需要详细了解较具体的事实材料。

（2）对需要了解的材料，被调查对象用书面形式难以确切表达。

（3）调查对象较复杂，用一份问卷或量表获取事实材料不充分。

（4）被调查对象文化程度不高，不能提供所需要的书面材料。

（二）课堂观察法

课堂观察法是观察者带着明确的观察目的，凭借自身感官及相关辅助工具，对所观察课堂的整体情况进行记录、分析和研究，以促进教师专业发展、改进教育教学的专业研究方法，通过科学、客观地分析课堂数据，得出相关结论，从而有针对性地改进课堂教学，提升教师专业素养。

1. 规范的课堂观察的主要步骤

（1）课前观察准备

课堂观察前的准备工作是课堂观察的基础，在这个阶段观察者要熟悉观察环境，确定观察目的，明确观察重点，准备课堂观察的观察表、记录工具，了解授课教师的教学设计和实施方案等。

同时，观察者和授课教师在课堂观察前要集中一段时间进行有效的商讨，其目的在于给课堂观察共同体的成员提供沟通、交流的机会，让观察者对授课教师的教学设计与实施方案有所了解，便于观察者明确自己的观察点，为后续的观察奠定基础。

（2）课中观察

课中观察指观察者在课堂中依照事先的计划，使用所选择的记录方式，对所需观察的信息进行记录。观察者进入现场之后，要按照一定的观察技术要求，根据课前制订的观察要点表，选择恰当的观察位置、观察角度，迅速进入观察状态。课中观察是整个观察系统的主体部分，所采集的数据资料也是课后会议分析的信息基础。课中观察的科学性、可靠性关系到研究的信度和效度，以及针对行动提出改进的课后分析报告的质量。

（3）课后交流评议

课中观察结束后，在初步总结、分析课堂观察所记录的信息与数据的基础上，召开课后会议。观察者和授课教师针对课堂的情况进行探讨、分析、总结，在平等对话的基础上达成共识，并制订后续行动方案。课后会议一般分为三方面内容：授课教师进行自我反思；观察共同体成员与授课教师进行沟通，提出基于教学的改进建议和对策；观察者在对观察收集的数据资料进行分析、整理的基础上形成观察报告。

在课堂观察后的交流评议中，一方面，教师根据评估结论，调整、改进课堂中的偏差性问题，这其实就是对课堂的自我管理；另一方面，课堂观察的评估结论应基于客观真实的课堂数据分析，这样定量与定性相结合的分析报告才能够为教学管理者提供决策依据，从而使得管理方案更趋向理性与科学。总而言之，“教—学—评—研—管”一体化理念应该成为新型课堂观察的文化基因。

2. 课堂观察时需要注意的主要问题

（1）课堂观察只能收集可视、可感的客观现象与行为，对于影响这些现象与行为的因素（如教师内隐的教学智慧、设计理念和学生的学习动机等），很难收集到相关信息。

（2）课堂观察要求观察者具备相对专业的观察技能。

（3）课堂观察要求被观察者愿意接受他人的观察，在教学时不受课堂观察活动的影响。

（4）课堂观察需要时间、设备和技术支持，需要理论与实践相结合、教学与研究相结合的合作共同体，以便进行分工观察，从而提高课堂观察的效率与质量。

（5）在进行课堂观察时，观察者在观察过程中容易受到观察者个人的教育教学理念、价值取向、教学经验的影响，以及场地、观察设备及工具的制约。个人在进行课堂观察时不易收集比较全面、客观的数据信息，因此不能保证课堂观察的客观、全面。课堂观察需要理论与实践相结合、教学与研究相结合的观察共同体，如高校教学研究者、基础教育教研者和有丰富经验的学科教师等组成的观察共同体，借助规范的观察工具和数据分析工具，努力将课堂观察结果建立在数据分析的基础上。

（三）实验研究法

教育实验研究法是研究者按照研究目的，合理地控制或创设一定条件，人为地改变研究对象，从而验证假设，探讨教育现象之间的关系，揭示教育规律的一种研究方法。实验研究法是自然科学领域中广泛采用的一种研究方法，现在越来越多地应用到社会科学领域中。实验研究法的主要目的在于查明研究现象发生的原因或检验某一理论或假说的实际效果。实验设计的一般步骤如下。

开展一个相对完整的教育实验，其基本程序是相对稳定和规范的。具体过程可分为准备、实施、总结三个阶段。

1. 准备阶段

准备阶段一般要完成以下几个方面的工作。

（1）确定研究问题和研究目的

这需要查阅有关的理论文献，确定研究课题的价值及其可行性。

（2）提出研究假设

假设的因果关系是实验设计的依据，也是实验要证明或检验的目标，所以提出研究的假设或者问题是实验研究的重要步骤。

（3）实验设计

包括选择实验场所，配备各种实验设备，准备测量用的工具，制定实验的日程表，安排控制方式和观察方法。

2. 实施阶段

实施阶段是实验的操作阶段，即进行实验测量的阶段，包括选择被试和进行实验两个组成部分。选择被试是实验研究中的抽样过程，对实验结果有重要的影响作用，一般采用随机、匹配等方法进行实验抽样及分组。进行实验是根据实验设计方案，控制实验环境，引入自变量，然后仔细观察，做好测量记录。实验所要求的观察记录应当是定量化的数据，因为自变量对因变量的影响只能通过定量化的指标加以评定。测量工具一般有问卷、量表和仪器等，测量工具的选择首先要保证它们的准确性和可靠性。

3. 总结阶段

总结阶段是要在分析资料的基础上对实验结果做出陈述，一般分为两个部分。一是整理汇总实验材料，对观测记录进行统计、分析，得出实验结果，以此检验假设，提出理论解释和推论。二是撰写研究报告，根据实验的结果和前期的文献资料形成最终的研究报告，这也是实验的最终成果。

（四）行动研究法

行动研究法并不是一种独立的研究方法，而是一种教育研究活动，是一种教师和教育管理人员密切结合本职工作、综合运用各种有效方式进行研究的研究方法，是以直接推动教育工作的改进为目的的教育研究活动。行动研究的基本过程如下。

我们以勒温的螺旋循环模式为例，介绍行动研究的一般步骤，如图 5.3.2 所示。美国社会心理学家勒温在 20 世纪 40 年代提出了将行动研究作为一种问题解决策略的目的、方法和步骤，包括分析问题、搜集事实；制定或执行行动方案计划，并搜集更多的事实予以评价；研究不断地循环和螺旋式地重复。

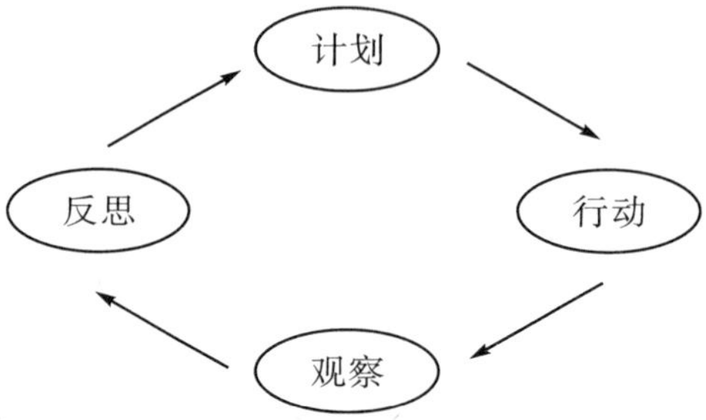

图 5.3.2 行动研究的螺旋循环模式

1. 计划

“计划”是行动研究的第一个环节，是行动研究系统持续进行的依据。“计划”包括了对前期资料的搜集与整理，也包括了对后期行动的设计与展望。

2. 行动

“行动”是指计划的实施，它是行动者有目的、负责任、按计划的行动过程，在行动研究中表现为实践者具体的教育实践工作。行动是为了在实践中进行研究，从而解决实际问题，改进实践，包括认识的改进和情境的改进。“行动”环节包括实践者具体计划的实施，以及与研究者的合作研究过程。

3. 观察

在行动研究中，观察是实践者反思、调整行动、确定下一步行动的依据。由于教育实践受诸多因素的制约与影响，有确定因素与不确定因素，这些因素都会产生不同的现象与特征，而有的现象转瞬即逝，因此观察重在对过程的记录与对资料的收集。为了使观察更为详细而真实，观察者应采用一定的手段与技术。

4. 反思

“反思”是“螺旋循环”中当前圆环的终结，又是另一个圆环的开始，在前后两轮行动中起着承上启下的作用。

（五）质的研究方法

目前国内比较公认的关于“质的研究”的定义是：质的研究方法是以研究者本人作为研究工具，在自然情境下采用多种资料收集方法对社会现象进行整体性探究，使用归纳法分析资料和形成理论，通过与研究对象互动对其行为和意义建构获得解释性理解的一种活动。[①] 基本步骤如下。

质的研究过程一般分为研究的准备、研究的实施、研究的总结与评价三个基本阶段，此处将介绍准备阶段和实施阶段的内容。

1. 准备阶段

准备阶段的总体任务是确定研究的方案，包括要研究的现象、研究的问题、研究的对象、研究的方法等。研究方案是否合理、可行，直接影响到研究的质量和结论。

2. 实施阶段

质的研究的实施包括进入研究现场、收集研究资料、深入发展等三个方面。

（1）进入研究现场

进入研究现场是指研究者与被研究对象在一起生活、工作、劳动，以全面参与其生活的方式进行观察，了解对象的情况。在信息化教育研究中，更多的情况是研究者与被研究者是同一个人，例如，以校为本的教师研究与专业发展的课题中，学科教师既是质的研究者，又是自己研究的对象，在这种情况下，教师根据自己的研究计划“启动现场研究”，无须得到谁的许可。

（2）收集研究资料

收集研究资料是质的研究的基本内容，研究者必须对收集的资料进行分析才能得出研究的结论。在质的研究中，常用的收集资料的方法有参与观察、访谈、实物收集等。

参与观察法是指研究者与被研究者在一起生活、工作，在密切的接触和直接的体验中观察被研究者的行为，体验他们的情感和价值观，从而深入到社会

---

① 陈向明．扎根理论的思路和方法［J］．教育研究与实验，1999（4）：58-63，73.

文化内部了解被研究者对自己行为的意义价值的认识，是质的研究中收集资料过程最基本的方法。研究者需要在开始进行观察时设计自己的观察提纲，包括时间、地点、对象、事件、原因等，然后根据提纲实施观察。同时，研究者需要随着研究的进展调节观察的内容和方式。在观察的过程中，研究者对观察的现象和信息记录的内容要准确、简洁、具体，可以使用计算机、录像机、录音机等技术设备。在使用设备记录之前，应该告知被研究者，获得对方的允许后再使用。

访谈法是研究者和被研究者面对面地谈话，研究者通过口头谈话的方式从对象那里收集资料的一种方法。通过访谈，研究者了解对象的思想、情感、价值观、生活经历、有关事件的事实，以及与研究有关的信息与资料。

收集实物资料是质的研究的基本方法之一。收集的实物包括所有与研究问题有关的东西，可以是人工制作的东西，也可以是经过人为加工的自然物。这些资料可以是历史文献，也可以是现时的记录；可以是文字资料，也可以是影像资料；可以是平面的资料，也可以是立体的物品。在信息化教育的研究中，常常要求教师和专业研究人员收集文字、图片、照片、音像制品等资料，如教学设计的教案、课堂录像、教材、教学辅助资料、学生作品、考试成绩单、教学叙事日记、课题研究的方案、会议纪要、各类统计资料等。

（3）深入发展

最后是深入发展研究。在质的研究过程中，研究者与被研究对象之间的互动逐步深入，研究者对研究的现象和问题逐步全面了解，研究者需要不断进行反思，总结，归纳自己所看到和听到的事实的规律，从收集到的资料和自己参与的感受中形成理论框架，并根据自己初步的理论归纳去进一步调整研究的内容和方法，使研究逐步聚焦在现象和问题的核心。

（六）在应用研究方法时易出现的问题

1. 滥用实验法。

如有这样一个课题："在中学英语教学中渗透德育的研究"。这个课题运用的是实验法，设计采用对照组实验，即在实验班进行德育渗透，在对照班不进行德育渗透。而且实验者把学生的学习成绩作为实验的一个重要因变量。显然，这个课题在研究方法的选择上有失偏颇。首先，“教学应当具有教育性”，这是人人皆知的教学原则；其次，学科教学中要进行道德教育，这在各科大纲或课程标准中都有明确要求。因此，在对照班不进行道德教育是违背教学原则和教育法规的。另外，学习成绩高低与道德品质好坏不成正相关，这也是显而易见的道理，此课题中试图用学习成绩来衡量实验的效果，是不科学的。

2. 在资料处理上滥用量化的方法。

量化方法以其精确性和客观性的优点很受人们的青睐，但是一些教师在课题研究中有一味追求量化的现象。有的统计数据收集得很周全，统计图表做得很漂亮，但只要稍加分析，就可看出漏洞。其实就收集材料而言，除了运用量的方法，还要有质的方法。值得提醒的是，不管采用何种方法，科研必须求真务实，不能弄虚作假。

3. 问卷的编制很随意。

有些问卷法的运用存在不科学、不规范的现象。问卷编制中的问题主要表现在两个方面：调查的针对性不强；调查的问题设计不科学。

信息化教育研究的对象是教与学的过程和资源，涉及人、技术、环境、文化等多种因素，是一个复杂的系统，不是使用某一种研究方法或研究过程就能够完成研究任务的，也不是某一个专家或研究机构就能够包办的。因此，信息化教育研究需要从多学科角度、运用多种研究方法、联合多个研究机构或组织，特别是工作在教学实践一线的教师共同参与研究。建立以校为本的教学研究制度，综合运用行动研究、质的研究、量化研究等研究方法，探索信息化教育的各种现象及其发展规律，解决信息化教育发展中面临的各种问题，已经成为我国信息化教育研究的发展趋势。

【思考与练习】

1. 数字教材在助力教师专业发展方面有哪些优势？结合自己的实践经历谈一谈教师能力提升途径。

2. 介绍一下你常用的研究方法，说说你在教学研究中是如何使用该方法的。

3. 结合自己在学科教学过程中遇到的问题，选择一个恰当的课题名称，设计一份课题研究方案。

参考文献

[1] 黄荣怀. 智慧学习环境重塑校园学习生态 [J]. 基础教育改革动态, 2012 (22).

[2] 孙曙辉, 刘邦奇. 基于动态学习数据分析的智慧课堂模式 [J]. 中国教育信息化, 2015 (22).

[3] 庞敬文, 王梦雪, 唐烨伟, 等. 电子书包环境下小学英语智慧课堂构建及案例研究 [J]. 中国电化教育, 2015 (9).

[4] 崔晓慧, 朱轩. 信息技术环境下智慧课堂的概念、特征及实施框架 [J]. 继续教育, 2016 (5).

[5] 赵培培. 智慧课堂: 优化与创新传统课堂 [J]. 教育现代化, 2017 (14).

[6] 邹华杰. 智慧教室环境下的初中信息技术教学实验研究——以厦门市 X 中学为例 [D]. 南昌: 江西师范大学, 2016.

[7] 翟小铭, 孙伟, 郭玉英, 等. 智慧教室: 应用现状及其影响研究——基于高中物理学科学习的跟踪研究 [J]. 中国电化教育, 2016 (9).

[8] 杨现民. 信息时代智慧教育的内涵与特征 [J]. 中国电化教育, 2014 (1).

[9] 刘清堂, 吴莉霞, 张思, 等. 教师数字化能力标准模型构建研究 [J]. 中国电化教育, 2015 (5).

[10] 郭文革, 黄荣怀, 王宏宇, 等. 教育数字化战略行动枢纽工程: 基于知识图谱的新型教材建设 [J]. 中国远程教育, 2022 (4).

[11] 王志刚, 沙沙. 中小学数字教材: 基础教育现代化的核心资源 [J]. 课程·教材·教法, 2019 (7).

[12] 龚朝花, 陈桄, 黄荣怀. 电子教材在中小学应用的可行性调查研究 [J]. 电化教育研究, 2012 (1).

[13] 龚朝花, 陈桄. 电子教材: 产生、发展及其研究的关键问题 [J]. 中国电化教育, 2012 (9).

[14] 赵志明 . 重新定义教科书——数字教科书研究 [D] . 长沙：湖南师范大学，2014.

[15] 孙众 . 伴随式、个性化与群智学习：探索数字教材实践应用新格局 [J] . 中小学数字化教学，2021（S1）.

[16] 李林，王冬，覃文圣，等 . 论电子教材取代纸质教材发展趋势的必然性 [J] . 中国信息界，2011（5）.

[17] 傅伟 . 富媒体技术在数字化学习终端上的应用探索 [J] . 远程教育杂志，2011（4）.

[18] 李林，林巍，陈叶，等 . 对数字教材建设的认识与思考 [J] . 中国编辑，2021（5）.

[19] 牛瑞雪 . 我国数字教科书的研究现状、不足与展望 [J] . 课程・教材・教法，2014（8）.

[20] 罗薇 . 基于富媒体的沉浸式阅读界面设计研究 [D] . 长沙：湖南大学，2013.

[21] 李锋，熊璋 . 建设数字教材，助力学生数字素养与技能提升 [J] . 中小学数字化教学，2022（8）.

[22] 顾小清，张乐乐 . 教育数字化转型时代数字教材的建设方向与发展路径 [J] . 大学与学科，2022（4）.

[23] 仇森，潘信林，罗妍 . 新时代中小学数字教材建设的现实障碍与推进逻辑 [J] . 中国教育学刊，2021（7）.

[24] 王然，郭鸿 . 电子教材的研究与设计 [J] . 中国远程教育（综合版），2014（5）.

[25] 陈俊盛，代毅 . “粤教云”环境下数字教材的应用研究 [J] . 教育信息技术，2014（9）.

[26] 陈晓曼，王金梅 . 基于数字教材的合作学习模式探究：以初中英语七年级课程为例 [J] . 教育信息技术，2017（3）.

[27] 张新宇，刘嘉秋 . 优化数字教材应用　支持教学方式深度转型：上海市系统推进数字教材应用研究 [J] . 中小学数字化教学，2018（4）.

［28］翟永勇 . 数字教材在数字化教学中的应用策略研究［J］. 数字教育，2020（4）.

［29］寇改灵 . 人教版中学生物学教材数字视频资源在创设情境中的应用［J］. 生物学教学，2022（3）.

［30］蔡建学 . 数字教材在常态化教学中的创新应用：以第三代人教数字教材为例［J］. 中小学数字化教学，2018（6）.

［31］唐珮影 . 基于数字教材的小学数学 PBL 项目式适学课堂探索［J］. 亚太教育，2021（21）.

［32］傅烈俭，张艳 . 数字教材在中学语文翻转课堂中的应用［J］. 中国教育技术装备，2018（13）.

［33］彭雪庄 . 教育信息化 2.0 时代优质数字教育资源普及模式探究：以广东省数字教材规模化应用调研为例［J］. 中国电化教育，2018（9）.

［34］钟春霞，王冬青，蔡午，等 . 基于增强现实技术的数字教材设计与实现［J］. 教育信息技术，2017（3）.

［35］张治，刘德建，徐冰冰 . 智能型数字教材系统的核心理念和技术实现［J］. 开放教育研究，2021（1）.

［36］孙众，骆力明，綦欣 . 数字教材中个性化学习资源的推送策略与技术实现［J］. 电化教育研究，2014（9）.

［37］贺平，郑娟，王济军 . 电子书包应用现状与未来研究趋势［J］. 中国电化教育，2013（12）.

［38］胡畔，王冬青，许骏，等 . 数字教材的形态特征与功能模型［J］. 现代远程教育研究，2014（2）.

［39］康合太，沙沙 . 数字教材建设的探索与实践：以第二代“人教数字教材”为例［J］. 中国电化教育，2014（11）.

［40］王润 . 数字教材与纸质教材关系演进：历程、逻辑与展望［J］. 教育学报，2021（5）.

［41］孙众，骆力明 . 数字教材关键要素的定位与实现［J］. 开放教育研究，2013（4）.

［42］沙沙．数字教材的边界问题分析及对策研究［J］．课程·教材·教法，2022，42（2）．
［43］李锋，盛洁，黄炜．教育数字化转型的突破点：智能教材的设计与实现［J］．华东师范大学学报（教育科学版），2023（3）．
［44］侯淑君．核心素养视角下项目式教学在高中有机化学教学中的应用研究［D］．延安：延安大学，2022.
［45］唐珊珊．初中物理项目式教学案例的开发与应用［D］．延安：延安大学，2021.
［46］张红艳，谭婷．基于项目式教学模式的小学科学课程教学设计［J］．数字教育，2019（3）．
［47］尹丹梅．面向计算思维培养的项目式教学活动设计与实践：以高中 Python 教学为例［D］．石家庄：河北师范大学，2021.
［48］葛文双．如何看待数字化转型视角下的教师数字素养提升［J］．中国信息技术教育，2023（5）．
［49］王春雁，朱文英．以《标准》为依据，推进全国中小学教师教育技术能力建设计划（TET）：访教育部师范教育司副司长宋永刚［J］．教育信息化，2005（9 下）．
［50］祝智庭，闫寒冰．《中小学教师信息技术应用能力标准（试行）》解读［J］．电化教育研究，2015（9）．
［51］王丹．人工智能视域下教师智能教育素养研究：内涵、挑战与培养策略［J］．中国教育学刊，2022（3）．
［52］刘斌．人工智能时代教师的智能教育素养探究［J］．现代教育技术，2020（11）．
［53］胡小勇，李婉怡，周妍妮．教师数字素养培养研究：国际政策、焦点问题与发展策略［J］．国家教育行政学院学报，2023（4）．
［54］吴砥，陈敏．教师数字素养：教育数字化转型背景下的教师发展重点［J］．中国信息技术教育，2023（5）．
［55］何克抗．TPACK：美国“信息技术与课程整合”途径与方法研究的新发

展（下）［J］. 电化教育研究，2012（6）.

［56］尤佳鑫，孙众，宋伟 . 数字教材的技术接受度与教师 TPACK 能力的相关分析：基于结构方程模型的实证研究［J］. 电化教育研究，2014（11）.

［57］王志刚 . 优质数字教育资源：学与教变革的基础［J］. 中国电化教育，2014（11）.

［58］袁华莉，王珺燕，李如意 . 我国中小学数字教材应用现状调研及建议［J］. 中小学数字化教学，2020（7）.

［59］李海刚，王磊 . 基于有效的教师专业发展的教师研修：来自《有效的教师专业发展》报告的启示［J］. 基础教育课程，2020（24）.

［60］黄艳兰，黄永和，陈桂军，等 . 教育信息化背景下中小学数字教材规模化应用与展望：以广西壮族自治区为例［J］. 广西教育，2021（16）.

［61］陈桂军，魏莹莹，黄艳兰 . 以数字教材规模化应用引领广西教育信息化创新发展［J］. 中小学数字化教学，2021（9）.

［62］楚爱华，王振丹 . 走出中小学教育科研焦虑［J］. 小学教学研究，2021（36）.

［63］陈向明 . 扎根理论的思路和方法［J］. 教育研究与实验，1999（4）.